本书获得山西省哲学社会科学规划课题（22YE034）资助、山西省社会科学界联合会（SXSKLY2023SX0071）资助

"双碳"背景下

居民生活用电碳减排
法律机制及效应评估研究

李壮爱 ◎ 著

STUDY ON EFFECTIVENESS AND EVALUATION OF LEGAL SYSTEMS
OF RESIDENTS' CARBON EMISSIONS REDUCTION OF ELECTRICITY
CONSUMPTION FROM THE PERSPECTIVE OF DUAL-CARBON GOALS

经济管理出版社
ECONOMY & MANAGEMENT PUBLISHING HOUSE

图书在版编目（CIP）数据

"双碳"背景下居民生活用电碳减排法律机制及效应评估研究/李壮爱著．—北京：经济管理出版社，2024.3

ISBN 978-7-5096-9639-2

Ⅰ.①双… Ⅱ.①李… Ⅲ.①用电管理—法律—基本知识—中国 Ⅳ.①D922.292

中国国家版本馆 CIP 数据核字（2024）第 057783 号

组稿编辑：杜　菲
责任编辑：杜　菲
责任印制：许　艳
责任校对：蔡晓臻

出版发行：经济管理出版社
　　　　　（北京市海淀区北蜂窝 8 号中雅大厦 A 座 11 层　　100038）
网　　　址：www. E-mp. com. cn
电　　　话：（010）51915602
印　　　刷：唐山昊达印刷有限公司
经　　　销：新华书店
开　　　本：720mm×1000mm/16
印　　　张：13
字　　　数：200 千字
版　　　次：2024 年 5 月第 1 版　　2024 年 5 月第 1 次印刷
书　　　号：ISBN 978-7-5096-9639-2
定　　　价：88.00 元

前　言

为应对气候变化，我国政府采取更有力的政策和措施，并明确做出了"2030 年前实现碳达峰、2060 年前实现碳中和"的承诺，体现了我国应对气候变化的决心及共建人类命运共同体的大国担当。随着收入水平的提高及消费模式的转变，我国城乡居民能源消费的需求量持续增加，具体到能源种类，生活电力支出最高，且城乡居民生活用电总量整体处于快速增长状态，城乡居民高能耗的电力消费已成为国内碳排放新的增长点，城乡居民碳排放量的增长速度已超过企业碳排放量的增长速度，因此，居民未来生活用电的发展路径成为应对气候变化需要重点关注的领域，需要切实有效的措施对居民生活用电侧的碳排放行为进行控制。但是，从目前的法律机制供给来看，我国对于生产侧企业的减排已设计出相对完备的法律机制，而对于居民生活用电碳减排法律机制的供给严重不足。因此，本书选择居民生活用电碳排放法律规制，重点围绕命令控制型、经济激励型及引导与自愿参与型三个具体机制作为研究对象。通过对我国现行居民生活用电碳减排法律机制进行梳理和定性分析，总结我国现行法律规范在规制居民生活用电碳排放行为方面存在的问题，以期为未来完善碳减排法律机制提供参考。鉴于能效水平、能源价格及节能行为是影响居民电力能源需求和碳排放的重要因素，分别选取能效标准与标识制度、阶梯电价制度、信息反馈制度，运用计量经济学方法定量评估不同法律机制对居民能源消费行为低碳化的有效性与可行性，根据实证研究结果，借鉴国外居民生活用电碳减排法律机制，提出优化我国居民生活用电碳减排法律机制的构想，从需求侧推进我国低碳绿色发展，深化生态文明建设。本书的主要内容安排如下：

第一，介绍基本概念，阐释居民生活用电碳减排的影响；剖析居民生活用电碳减排法律机制的必要性，基于信息不对称理论、外部性理论及行为经济学理论分析居民生活用电碳减排的经济学学理；基于法律规制理论分析居民生活用电碳减排法律机制的法理机理。本书运用法学和经济学多重视角开展研究，突破经济学领域就居民生活用电碳减排行为的单一研究和法学领域对碳减排法律机制的宽泛研究范式，综合运用多种方法保障研究成果的可信度和政策建议的务实性。

第二，以居民生活用电碳减排法律机制为切入点，定性分析命令控制型、经济激励型和引导与自愿参与型三类具体机制的实然制度结构以及实施情况；梳理我国现行居民生活用电碳减排法律机制的局限性。

第三，从命令控制型、经济激励型和引导与自愿参与型三个维度对居民生活用电碳排放法律机制进行实证检验及评估。能源效率标准与标识制度作为一种命令控制型法律机制，对于引导居民低碳消费具有重要意义。为此，运用行为经济学等理论构建能源效率标准与标识制度的效应函数；采用离散选择模型对能源效率标准与标识制度进行效应分析；探讨不同分组居民对能源效率标准与标识制度的异质性偏好。阶梯电价制度作为经济激励型法律机制的典型应用，旨在通过价格引导作用缓解气候变化。经济激励型法律机制以居民阶梯电价制度为视角，运用断点回归模型对居民阶梯电价制度的实施效果进行实证分析；运用多元回归和离散选择模型分析居民对阶梯电价制度的认知、对于居民节电行为的影响以及居民异质性对于阶梯电价制度认知的影响。信息反馈法律机制作为引导与自愿参与型法律机制的重要组成部分，可以引导居民践行低碳生活。本书分析信息反馈制度的行为经济学作用机理，运用倾向匹配得分方法对信息反馈进行实证分析，其实证结果有助于政府认识不同信息反馈制度在促进居民节能减排中的作用，从而更有针对性地开发和优化信息反馈制度，发掘信息反馈潜力，引导和激励居民日常的节能减排行为。

第四，根据我国居民生活用电碳减排法律机制的实证研究结果，针对我国现行居民生活用电碳减排法律机制供给的不足，借鉴国外可行的居民生活用电碳减排法律机制，分别从命令控制型、经济激励型和引导与自愿参与型三个维度提出完善我国居民生活用电碳减排法律机制的基本应对策略。

基于以上研究，本书得出以下结论：

第一，由于不完全了解终端用能产品的潜在收益和成本，居民可能不愿意投资更节能但初始成本较高的产品。能效标准与标识制度通过提供产品的能效信息引导居民的能源消费决策。运用我国综合社会调查微观数据的实证结果表明，能效标准与标识制度以及相应的补贴制度对居民购买节能电器有着积极作用。在居民异质性方面，受教育程度差异和居民所在地区差异影响居民对节能终端用品的选择，房屋面积影响居民节能空调的购买行为。基于实证结果，我国应进一步完善能效标准与标识制度，构建能效标识法律体系，提高居民对能效标识法律制度以及补贴制度的认识，扩展能效标识的产品范围以及完善能效标识的体现形式。

第二，居民阶梯电价制度是利用价格制度引导居民节约用能的经济激励型法律机制，运用断点回归模型判断阶梯电价制度可有效引导居民节约用电与合理用电，进而促进居民二氧化碳减排目标的实现。研究结果表明，阶梯电价制度对于居民资源节约的效果有限，但居民可以通过提升阶梯电价制度的认知纠正其不合理的用电行为。此外，居民的个体异质性如年龄、教育水平以及节能生活方式对于阶梯电价制度的认知有着积极的作用。根据阶梯电价制度存在的问题，提出政策建议，如进一步优化阶梯电价结构，通过教育加强居民对阶梯电价制度的认知和促进节能习惯的养成，进一步推广峰谷分时电价制度。

第三，信息反馈制度被认为是促进节能的一种具有成本效益的政策措施。对此，运用我国综合社会调查数据，通过倾向得分匹配法分析电费账单和安装智能电表的信息反馈对居民节能方面的影响。实证结果表明，提供电费账单的信息反馈使居民减少了约20%的用电量，而安装智能电表的信息反馈对居民节约用能并无积极影响。基于此，政府应当重视信息反馈策略对于居民节电的重要性，并通过对居民进行信息反馈的宣传和教育，提升对居民节能行为的引导作用。

第四，结合本书中法律机制分析以及实证研究的主要结论，提出应夯实居民生活用电碳减排的法律基础，制定严格的能效标准与标识制度，推进低碳产品标准、标识与认证工作，健全居民能源补贴与价格法律机制，建立节能目标与用能信息相结合的信息机制，推进低碳教育，引导居民低碳行为。

我国现行碳减排法律机制的研究多集中于以供给侧企业为主体的生产行为，对于需求侧居民能源消费以及碳减排法律机制的研究较少。本书对我国需求侧城乡居民生活用电碳减排法律机制的现状、不足进行了深入分析，拓展了我国碳减排法律机制的研究领域。此外，采用多种经济学实证模型对相关法律机制进行了有针对性的定量分析，突破了传统、单一的从定性角度研究法律机制的范式，使居民生活用电碳减排法律机制的完善更加务实且具有可操作性。

目　录

第一章
绪论

一、研究背景和意义

（一）研究背景

气候变化是关系人类命运共同体的全球性问题，是 21 世纪人类可持续发展面临的重大挑战。应对全球气候变化，实现碳达峰和碳中和的目标，亟须制定应对气候变化的综合性基础法律（常纪文和田丹宇，2021）[1]。随着二氧化碳排放与气候变暖因果关系的确认，即二氧化碳浓度的增长导致气候变暖等一系列问题，二氧化碳减排成为全球关切的事项，联合国不断召开气候变化大会并制定国际公约，要求全球各国参与温室气体减排。1994年3月生效的应对气候变化的国际公约《联合国气候变化框架公约》首次提出了全球在 2050 年减少 50％的温室气体排放量。1997 年 12 月签订的《京都议定书》明确规定了二氧化碳减排的具体指标，碳排放制度逐渐走向有法律约束力的制度规范体系。之后，发展中国家和发达国家激烈讨论了能源技术支持与减排任务分配等问题，确定了国际碳减排的模式选择。

2015 年 12 月，国际社会签署了缓解气候变化的《巴黎协定》，得到了近 200 个缔约国的一致通过，明确了世界经济社会发展的低碳化方向，以低碳经济为核心的革命引起了人们对低碳社会广泛而深刻的关注和反思。我国作为世界上最大的二氧化碳排放国，积极制定应对气候变化的国家战略，提出 2030 年前实现"碳达峰"和 2060 年前实现"碳中和"的目标，体现了我国在全球化气候变化治理过程中的责任与担当。

就节能减排而言，实现碳中和的目标包括基于生产端的节能减排以及基于消费端的节能减排两种技术路径。其中，基于消费端的节能减排不仅有利于直接减少碳排放，而且对低碳生产具有催生作用，是推动我国低碳经济发展、实现节能减排的最优技术路径。然而，随着经济社会的发展以及居民收入水平的持续提高，我国居民能源消费总量不断上升，居民能源消耗占整个国家总能耗的 45% ~ 50%（凤振华等，2010）[2]，已经成为继工业部门后第二大能源消费部门（Ding 等，2017）[3]。《中国统计年鉴（2020）》数据显示，2018 年我国城乡居民生活能源消费量约占能源消费总量的 12.81%，如图 1-1（a）、（b）所示，工业能源消费占能源消费总量的比重不断下降，而居民生活能源消费占比不断上升。此外，如图 1-1（c）

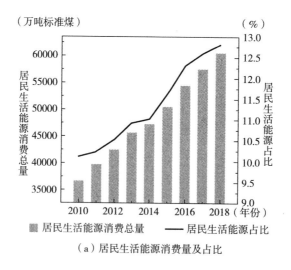

（a）居民生活能源消费量及占比

图 1-1 能源消费情况

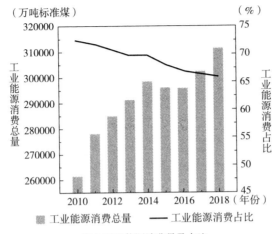

（b）工业能源消费量及占比

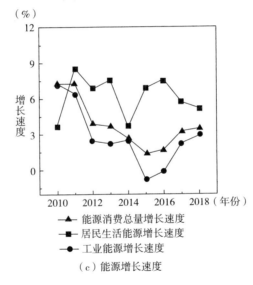

能源消费总量增长速度

居民生活能源增长速度

工业能源增长速度

（c）能源增长速度

图 1-1　能源消费情况（续）

资料来源：根据 2020 年国家统计局数据绘制。

所示，居民生活能源消费量的增长速度不仅超过我国能源总消费量的增长速度，而且超过了工业领域能源消费量的增长速度。所以，城乡居民生活能源消费已成为我国能源消费的重要增长点。这是由于"十一五"时期以来，我国主要集中于提升工业领域的能源效率和降低工业领域的能源强

度，因此，工业领域的低碳化转型取得了显著的成效，而居民生活领域的
能源消耗却增长迅速。

城乡居民能源需求的不断增长带来居民领域二氧化碳排放的持续增
加。居民能耗的增速超过了工业能耗，居民碳排放量的增长速度也随之超
过了企业碳排放量的增长速度，居民生活能源消费产生的碳排放占国家二
氧化碳排放量的 40%~50%（王睿等，2021）[4]。刘云鹏等（2017）[5] 估
算出 1993~2013 年居民生活能源消费产生的碳排放总量增加了 23.438 亿
吨，并运用蒙特卡洛模拟得出，我国 2030 年居民生活能源消费产生的碳
排放最大概率值为 63.53 亿吨。徐丽等（2019）[6] 利用 ARIMA 模型分析
得出，到 2025 年，居民能源消费碳排放达到 7.87 亿吨，年均增长率为
7.13%（见图 1-2）。随着城镇化水平和居民收入水平的提高，居民电力
消费碳排放在全社会电力消费碳排放中所占的比例呈现不断增长的趋势。
由于电力是未来居民能源消费的核心，居民电力能源低碳化转型尤为重
要。因此，消费侧居民电力能源碳减排不仅是国家实现低碳发展的重要途
径，也关乎国家能源可持续发展的战略大局。

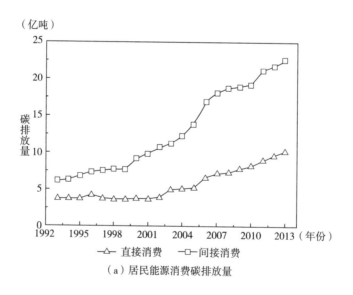

（a）居民能源消费碳排放量

图 1-2　居民能源消费碳排放量变化

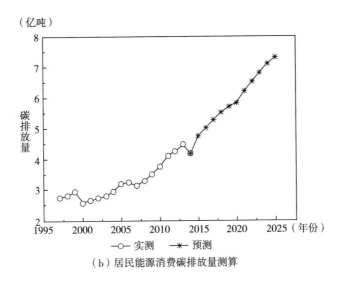

（b）居民能源消费碳排放量测算

图 1-2　居民能源消费碳排放量变化（续）

资料来源：根据刘云鹏等（2017）、徐丽等（2019）文献绘制。

随着扩大国内需求成为国家长期发展的战略基点，居民电力能源消费及碳排放对我国碳排放的影响不断增强，生活方式的低碳化程度将成为影响国家低碳发展进程的重要因素（张友国，2021）[7]。因此，从消费侧促进居民生活领域的节能减排对于国家碳中和目标的实现至关重要。2021 年 3 月，习近平总书记在中央财经委员会第九次会议上强调，把碳达峰、碳中和纳入生态文明整体布局，实行全面节约战略，倡导简约适度、绿色低碳的生活方式。2021 年 9 月和 10 月，中共中央、国务院连续印发了《关于完整准确全面贯彻新发展理念做好碳达峰碳中和工作的意见》和《2030 年前碳达峰行动方案》，都将加快形成绿色生活方式确立为实现"双碳"目标的重点任务，因此，完善居民生活用电碳减排的根本制度以及相关管理体制，明确居民生活用电碳减排的责任义务，是实现"双碳"目标的重要保障（丁烈云，2021）[8]。然而，从整体来看，现行的法律法规多集中于企业主体的生产行为，而且好的实施效果在逐渐显现，但是，对于生活领域居民电力能源消费行为以及居民生活用电碳减排的约束较少（王宇等，2020）[9]。本书以需求侧城乡居民生活用电碳减排法律机制为切入点，运用法学与经济学相结合的方法对规制城乡居民生活用电碳排放行为的实施路径和效应展开研究，以期对全社会尽早形成绿色生活方式，助力"双碳"目标实现做出贡献。

（二）研究意义

1. 理论意义

本书运用法学和经济学相结合的方法，探究居民生活用电碳减排的实现路径，拓宽居民生活用电碳减排法律机制理论的研究视角，充实居民生活用电碳减排法律机制的理论基础。运用行为经济学的理论明确居民生活用电碳排放行为的影响因素，探寻居民生活用电碳减排模式长期平稳运行的有效路径，为居民生活用电碳减排法律机制的长期发展提供新的视野。同时，运用经济学分析方法探讨居民生活用电碳减排所涉及的具体法律机制的有效性与可行性，包括居民生活用电碳减排命令控制型法律机制（如能效标准和标识制度）、经济激励型法律机制（如居民阶梯电价制度），以及引导与自愿参与型法律机制（如信息反馈制度）的实施效应，解决居民生活用电碳减排法律机制所面临的困境。根据居民生活用电碳减排法律机制效应分析结果，充实居民生活用电碳减排的法律侧研究，从法律机制的设计和实施出发，为我国居民生活用电减排法律机制的选择和实施提供依据。

2. 现实意义

基于世界上第一大能源消费国与二氧化碳排放国的现实，我国提出了实现"双碳"目标愿景。居民的低碳电力能源消费是实现我国低碳发展的重要推动力，不仅影响和居民日常生活直接相关的电力能源消费，而且通过消费结构的低碳化间接影响我国经济发展模式。为此，我国提出了一系列规制居民电力能源消费与碳排放的法律机制，从法学与经济学双重视角探究居民生活用电碳减排实现路径，从定性和定量角度评估居民生活用电碳减排法律机制的效应，以期能够为居民生活用电碳减排法律机制的完善提供切实可行的建议。此外，虽然近几年我国大力倡导居民节能减排，但由于人的有限理性与信息的不完全性，居民节能和减排的理念仍未深入人心，加之我国居民生活用电碳减排领域法律机制仍不健全，存在激励约束不足、操作性不强等问题，居民生活用电碳减排的实现需要一整套具有可操作性、可执行性的、公平合理的法律机制以及配套的激励和引导措施。居民生活用电碳减排法律机制的完善有利于弥补我国现行碳减排法律机制的不足，促进我国居民生活用电碳减排法律机制规范化、系统化。通过居民生活用电碳减排法律机制的效应评估，明确下一步居民生活用电碳减排工作的重点方向，为居民生活用电碳减排的长期运行和发展提供新的途径与思路，促进我国资源节约型和环境友好型社会的构建。

二、国内外文献综述

在全球气候变暖以及资源环境对经济社会可持续发展的约束日益显现的背景下，与碳排放相关领域的研究越来越受到学界的关注，尤其是20世纪70年代以来，学者与政策制定者更加关注能源需求侧（Duan 等，2017）[10]。在这一背景下，居民的节约用能与碳减排作为可持续发展的微观保障，逐步成为学界和政府关注的重点。关于居民生活用电碳减排的研究，主要集中在对碳排放的影响因素、促进碳排放的法律机制以及碳减排法律机制的效应分析等方面。

（一）居民生活用电碳减排的影响因素

居民生活用电碳减排是从居民日常生活电力能源消费的角度来界定居民生活用电碳减排，主要包括居民日常的炊事、照明、热水的电力能源使用行为，使用高能效产品降低日常电力能源消耗的购买行为，与节能意识有关的电力能源维持行为，通过改变居民的电力能源使用、购买和维持行为进而降低二氧化碳的排放。通过对以往研究的梳理，可将居民低碳电力消费以及碳排放的影响因素划分为个人因素和社会因素两方面。

1. 个人因素

个人因素主要包括居民个人意识、态度与价值观、自我担当、感知效力以及环境知识对居民低碳消费的影响。在低碳消费意识方面，Yearley（1991）[11] 提出低碳消费意识在低碳消费行为的实施过程中起决定性的作用。曾宇容和王洁（2009）[12] 采用相关分析方法得出，低碳消费认知对低碳消费行为正向影响显著。Mills 和 Schleich（2010）[13] 通过对德国 2 万户家庭的调查研究发现，缺乏对能效标识的认知会阻碍居民对一级能效终端用能产品的选购。张连刚（2010）[14] 指出，居民的环境认知对于低碳消费行为具有显著的正向作用。Ek 和 Söderholm（2010）[15] 的研究发现，居民对能源短缺问题和环境污染问题的认知越强，就越会表现出环保态度，并采取节电行为。王建明和贺爱忠（2011）[16] 通过探索性研究技术得出，居民的环境问题意识对低碳消费行为存在显著的促进作用。白光林和李国昊（2012）[17] 提出，居民对低碳消费的认知是保障低碳消费长期运行的关键因素。Aytekin 和 Büyükahraz（2013）[18] 通过对 1074 位居民的实证分析结果表明，居民的环境意识与低碳产品购买之间存在正向作用关系。但是，陈占锋等（2013）[19] 指出居民的环境意识并不一定会转化成为低碳消费行为。Mainieri 等（1997）[20] 认为，居民的低碳消费行为受到很多因素的影响，如终端用能产品的价格、品牌、质量以及低碳环保价值等，但居民在选购终端用能产品的过程中很少将低碳环保价值放到考虑因素的首位。Alsmadi（2007）[21] 发现，虽然居民有一定的环保意识，但其环境意识并未转化成有效的低碳消费行为。另外，Li 等（2021）[22] 也指出，影响居民低碳消费行为的因素是非常复杂的，居民的环保意识并不一定会转化为日常生活中的环保行为。

在环境态度和价值观方面，Verplanken 和 Holland（2002）[23] 发现，环保价值观促使居民选择环境友好型产品。Tanner 和 Kast（2003）[24] 通过分析绿色低碳消费行为的影响因素发现，环境态度显著影响居民的低碳购买行为。Lee（2008）[25] 认为，居民良好的环保态度对其低碳消费行为具有积极的引导作用。Silva 等 (2009)[26] 也指出，居民的低碳态度和价值观对绿色低碳消费行为具有显著影响。宗计川等 (2014)[27] 通过实验室研究发现，具有较强环境态度的居民愿意为低碳环保产品支付更高的价格。但是，Mainieri 等 (1997)[20] 研究发现，虽然居民经常表达他们对气候问题的关注和对低碳消费的积极态度，但是这种积极的环境态度很少转化为实际的低碳消费行为。

居民的环保责任感也会影响其低碳消费行为。Pallak 和 Cummings (1976)[28] 的研究表明，公开承诺减少碳排放的居民通过启动自身的责任感更可能在日常生活中进行低碳消费。Tanner (1999)[29] 研究发现，发达国家的居民在很大程度上是因为受到自身道德规范和责任感的驱动而实施有利于环境的行为。Cornelissen 等 (2008)[30] 发现，通过提升居民的环境责任感可以促进居民的低碳消费行为。王建明和贺爱忠 (2011)[16] 通过深度访谈与实证研究发现，居民责任感与其低碳消费模式显著正相关。马果等 (2012)[31] 采用实证方法分析得出，我国城镇居民的社会责任感有利于促进其购买节能低碳家电。岳婷等 (2013)[32] 通过对江苏省居民的深度访谈并运用扎根理论分析得出，节能责任感对城市居民节能低碳行为有着重要影响。谢守红等 (2013)[33] 通过采用因子分析方法得出，责任感有利于引导城市居民践行低碳消费。孙岩和刘富俊 (2013)[34] 通过问卷调查和访谈，基于 Logisitic 回归得出，责任感是影响我国城市居民低碳能源消费最为重要的因素之一，责任感对于低碳能源购买行为具有正向影响。贺爱忠和邓天翔 (2014)[35] 通过运用多群组结构方程分析指出，居民的低碳责任感对于其低碳消费具有积极影响。Han 和 Cudjoe (2020)[36] 通过多元回归实证研究得出，居民的责任意识对于居民住宅的节能低碳行为呈现显著的正向影响。

在感知效力方面，Ellen 等 (1991)[37] 指出，感知效力是指居民对自身行为有助于改变环境恶化或生态失衡的自信程度。Roberts 和 Bacon (1997)[38] 指出，居民感知有效性是居民低碳态度向低碳购买行为转化的有效推动力。王晓红和胡士磊 (2021)[39] 在研究居民低碳减排行为的影响因素时发现，居民的感知效力与其减少开车和节约能源等低碳行为之间存在显著的作用关系。但是，Kim（2011）[40] 采用结构方程模型发现，感知效力与居民购买绿色低碳产品之间不存在显著的作用关系。

在环境知识方面，居民的环境知识与其负责任的低碳行为之间存在显著的正向作用关系。Rokicka（2002）[41] 以波兰1388位居民作为调研对象表明，居民所拥有的环境知识越多，越容易实施负责任的环境行为。Chan（2001）[42] 通过结构方程模型证实了居民的环境生态知识对其绿色低碳购买态度的积极影响。Mostafa（2007）[43] 通过实证分析指出，具有较多环境知识的居民更愿意购买低碳产品。王建明（2007）[44] 的研究也表明，城市居民的环保知识会对其低碳消费行为产生积极影响。Saari 等（2021）[45] 采用结构方程模型分析了低碳消费的形成机理，结果显示，居民的环境知识对于环境关注有显著影响，进而促使其在日常生活中采取低碳消费行为。但是，也有研究人员认为，环境生态知识和绿色低碳消费行为之间不存在正向作用关系。例如，Larouche 等（2001）[46] 采用统计分析研究表明，具有较多生态知识的居民不一定具有较高的低碳产品溢价支付意愿，即愿意为绿色低碳产品支付更高的费用。

2. 社会因素

社会因素主要关注居民家庭因素、社会地位、社会规范、公共政策以及企业等方面。Moore 等（2002）[47] 指出，家庭成员是影响居民低碳消费行为最直接的因素。青平等（2013）[48] 研究发现，父辈在低碳消费行为方面的言传身教对孩子的影响是显著的，孩子低碳消费行为被视为对父辈绿色低碳行为的认同、模仿与延续。在我国孝道文化背景下，父辈对孩子低碳消费行为的影响更大。

在社会地位方面，Stern（2000）[49] 研究发现，社会地位对于居民的低碳消费行为具有积极的影响。Van der Wal 等（2016）[50] 的研究表明，在象征高社会地位商店购物的居民比低社会地位商店购物的居民更愿意进行低碳消费。

在社会规范方面，Schultz 等（2007）[51] 认为，社会规范因素会影响居民的低碳消费。Welsch 和 Kühling（2009）[52] 研究发现，社会规范对于居民购买节能低碳家电和绿色电力计划均发挥着重要作用。He 等（2016）[53] 指出，社会规范在居民低碳消费行为形成过程中同样发挥着重要作用，尤其在我国文化背景下，居民的低碳消费决策更容易受到社会规范的影响。

在公共政策方面，Williamson（2002）[54] 指出，政府结构和政府政策对居民的购买行为具有一定的影响，居民的交易行为与政府的规制措施之间有较为紧密的联系。Nyborg 等（2006）[55] 指出，居民的碳排放行为在很大程度上受到政府政策的影响，政府政策的高效与否将会决定居民的低碳消费行为，并影响低碳消费的长期实施。

在企业方面，Bovenberg 和 Smulders（1995）[56] 指出，企业低碳生产技术的进步和发展能够在需求端影响居民的低碳消费行为，使得居民更加偏好低碳消费。黄晋京和陈静英（2002）[57] 认为，企业的绿色低碳产品是低碳消费得以实施的重要因素，进而影响了我国低碳消费的长期发展。Koller 等（2011）[58] 指出，产品忠诚度和企业绿色环保责任对居民低碳消费具有一定影响，企业的低碳生产和低碳责任能够提高居民的产品忠诚度，保障低碳消费得到贯彻实施。Hartmann 和 Apaolaza-Ibáñez（2012）[59] 提出，低碳消费受企业绿色低碳品牌的影响，居民更加倾向于选择绿色低碳品牌知名度较高的企业进行消费。张启尧等（2017）[60] 认为，企业的绿色低碳品牌是激励居民进行绿色低碳消费的重要因素，是我国低碳发展长期实现的关键性因素。

国内学者对个人因素和社会因素相关问题进行了整体研究。例如，芈凌云（2011）[61] 通过统计分析和结构方程的实证研究表明，居民低碳化的能源消费行为是法律制度等外部情境因素、环境知识等个体心理类变量、家庭特征与人口统计特征相互作用的结果。孟艾红（2011）[62] 的实证研究发现，低碳消费知识与社会心理意识等因素显著影响居民的低碳消费行为。任力和张越（2012）[63] 的研究表明，行为动机、性别、后果感知、环境责任感、道德规范和政府政策对居民的低碳消费有显著影响，而所学专业和环境敏感度对居民低碳消费没有显著影响。杨波（2012）[64] 通过郑州市居民调查数据的实证研究得出，居民收入水平、低碳产品的信任度与认知度、补贴制度对居民低碳消费产生重要影响。陈凯和李华晶（2012）[65] 定性分析居民低碳行为的影响因素得出，价值观与环境知识等个体心理因素、经济激励与社会规范等外部情境因素、收入与教育等人口统计特征是影响居民低碳消费行为的关键要素。李向前等（2019）[66] 通过构建结构方程模型得出，宣传教育、低碳行为知识对居民的低碳行为有显著影响，而低碳心理意识与社会规范的影响并不显著。

研究居民能源消费行为影响因素的目的是为居民能源消费需求管理提供政策依据。关于居民电力能源消费影响因素的研究，各国学者们分别从居民个人意识、态度与价值观、自我担当、感知效力以及环境知识等个人因素和居民家庭因素、社会地位、社会规范、公共政策以及企业等社会因素等方面开展了大量的居民调查和实证研究，积累了诸多有益的研究成果。虽然也存在大量的争议，很多因素的影响和作用莫衷一是，甚至得出了相悖的结论，这些都需要后续更加系统的研究来厘清争议和深入探析。

（二）居民生活用电碳减排法律机制研究

居民生活用电碳减排法律机制是通过法律机制有效规范居民的高能耗消费模式，引导居民践行低碳环保行为。我国现行的碳减排法律机制主要集中在能源电力、工业制造等生产领域，但忽视了消费端居民对于全球气候变化的影响，居民生活用电碳减排法律机制相对较少。以居民为主体的碳排放具有基数大和复杂多样的特点，对法律机制的设计提出了更高的要求，因此，需要完善现行居民生活用电碳减排法律机制，将其纳入我国碳减排法律体系，推动我国低碳经济的发展。

1. 居民碳减排法律机制的重要性

国家的法律机制反映了一国对低碳消费的态度，且对低碳消费具有重要影响。健全的低碳消费法律体系能够提高居民的低碳消费水平，使其符合预定的节能低碳法律制度目标。Allen 等（1982）[67] 采用方差分析指出美国、加拿大、瑞典的能源政策对各国居民的实际能源消耗和节能低碳态度都有影响。Williamson（2002）[54] 指出，政府制定的法律制度对居民低碳消费的选择和交易的进行具有一定的影响。Nyborg 等（2006）[55] 的研究表明，低碳消费在很大程度上受到法律制度的影响，低碳法律制度的高效与否决定居民的低碳消费行为，影响低碳消费的长期实施。Moisander（2007）[68] 发现，环境政策应该关注居民的低碳消费领域，制定相应的环境政策可以鼓励居民的低碳消费行为。Thøgersen（2010）[69] 认为，居民的低碳消费行为在很大程度上取决于低碳消费相关的法律制度，如标准与标识制度以及财政补贴制度。牛桂敏（2011）[70] 认为，低碳的发展应从法律制度方面进行创新，并增强制度间的协同性。Viscusi 等（2011）[71] 利用实证研究发现，政府的低碳政策是居民低碳消费行为的重要影响因素。王建明和王俊豪（2011）[72] 利用扎根理论探究影响居民低碳消费行为的深层次因素时发现，政府有效的管制政策可以促进居民的低碳消费行为。季剑军（2012）[73] 认为，政策支持对于绿色低碳消费模式的形成是必要的。陈凯和李华晶（2012）[65] 通过演绎分析比较低碳消费行为的影响因素，研究发现，强制性的法规约束对于居民的低碳消费行为影响作用较大。Hossein 和 Kaneko（2013）[74] 指出，政府制定的法律制度是居民低碳消费得以建立和发展的关键。杨解君（2013）[75] 认为，我国的低碳发展之路必须依托于法律而展开，通过制定应对气候变化的专门立法，发挥法律对居民低碳理念和生活方式的规范和保障作用。葛察忠等（2014）[76] 指出，法律制度是保障低碳消费的重要影响因素。沈晓悦等（2014）[77] 认为，实施低碳消费转型应成为一项重要的国家战略，需要一套系统的政策手段和工具来推进居民的低碳消费。Koontz 等（2015）[78] 认为，政府提供的相应政策是保障低碳消费行为的重要措施，因此，要颁布科学合理的低碳消费政策。郭强和相雅芳（2015）[79] 认为，政府的引导作用对于解决浪费型消费、异化消费与富豪奢侈消费等突出问题发挥着重要的作用。侯璐（2017）[80] 指出，低碳消费理念与模式的落实离不开法律强有力的保障。刘俊海和叶林（2018）[81] 提出，低碳消费的法律制度和政策导向对于绿色发展发挥着巨大的作用，应具有可执行性和可操作性。低碳消费的概念和行为能够通过相应的法律制度扩散到各地区的交易活动中。

因此，完善法律制度是保障低碳消费得以建立和发展的核心，法律制度的有效实施是保障低碳消费长期发展的必备条件。

2. 构建我国碳减排法律机制的设想

鉴于政府的法律制度对于居民低碳能源消费以及降低碳排放的重要性，学者们从各个角度提出构建我国碳减排法律制度的建议。邓海峰和刘玲利（2009）[82] 认为，我国低碳发展需要完善现有的国内碳市场相关制度、财税激励制度以及节能制度等。付新华和郑翔（2010）[83] 指出，应完善与低碳消费相关的税收制度、企业法律制度、政府采购法、保护低碳消费的消费者权益保护法以及从低碳认证系统等方面推进我国的绿色低碳消费。刘画洁（2012）[84] 提出，我国碳减排法律制度需要逐步建立包含信息披露制度、碳中和账户制度、碳中和标准制度和碳中和补贴制度在内的基本法律制度体系。宋寒亮和王宏（2015）[85] 认为，我国应当采取分散立法模式，加快完善居民环境责任法律规制，通过规范生活垃圾处置、改革消费税、强化低碳产品认证制度等具体措施，为发展低碳消费、实现低碳经济奠定制度基础。王冰冰（2016）[86] 通过分析制约低碳消费的法律因素提出，需要从制定低碳消费促进法、建立低碳产品标志和标注制度、完善消费者权益保护法律制度、改革税收制度、构建低碳押金制度等方面，建立健全我国居民低碳消费法律体系。施锦芳和李博文（2017）[87] 介绍日本的《绿色消费法》以及相关政策法规，提出构建我国低碳消费制度的建议：完善法律法规体系建设，发挥财税拉动效应促进低碳消费，尽快制定激励居民选择低碳消费的奖励政策以及加强低碳消费宣传。岳小花（2018）[88] 指出，我国有关低碳消费的法律体系存在诸多问题，因此，我国应适时出台专门的《低碳消费促进法》，同时，要完善现行法律、法规、规章及规范性文件中与低碳消费相关的规定。于杰和刘颖（2018）[89] 指出，现行法律规范在规制居民生活用电碳排放方面存在诸多问题，并提出构建我国碳减排法律制度应符合我国居民的能源使用情况，有效对接低碳产品认证制度与低碳消费制度，协同适用居民碳税征收制度与居民碳减排权交易制度。

综上所述，学者们关于居民生活用电碳减排法律机制展开了较为深入的研究，通过研究不仅认识到了法律机制是影响居民能源消费行为不可忽视的重要因素，而且发现了当前我国居民碳减排法律机制的不完善，提出了构建我国居民碳减排法律机制的重要意义。但是，现阶段学者们的研究大多只是认识到了碳减排法律制度的不足，并提出了构建与完善碳减排法律制度体系框架的设想，很少有研究围绕居民生活用电碳减排法律机制进行具体的论证分析。因此，本书主要对完善居民碳减排法律具体法律机制进行深入的思考研究并展开详细论述，不仅是对现有理论的补充与完善，还有着一定的现实应用意义。

（三）现有居民生活用电碳减排法律机制效应评估分析

居民生活用电碳减排法律机制的效应评估指居民生活用电碳减排法律机制实施后产生的影响、反应以及结果。运用经济学方法量化分析居民生活用电碳减排法律机制实施后对规范居民节约用电和降低碳排放的效果，以便揭示法律的实然状态。从命令控制型、经济激励型、引导与自愿参与型三类机制考察，学者们对于居民不同类型的生活用电碳减排法律机制的研究形成如下观点。

1. 命令控制型居民生活用电碳减排法律机制效应评估

命令控制型居民生活用电碳减排法律机制主要包括能效标准、能效标识以及碳标识的法律法规。能效标识又称能源效率标识，表示能耗产品能源效率等级等性能指标的强制性标示性标识，目的是为居民的消费决策提供必要的能效信息，引导居民合理选择高能效的低碳产品，提高能源利用效率。Kahneman（2003）[90] 指出，能效标识可以把居民的注意力集中到商品的节能属性，通过节能的显著信息对居民的低碳消费决策产生影响。Köszegi 和 Szeidl（2013）[91] 指出，节能设备的初始销售价格要更高，通过能效标识制度的突出性效应提升居民对节能设备生命周期成本的考虑，进而提高社会福利。Allcott（2016）[92] 提出，能效标识的目标是纠正居民对于不同节能行为的理解偏见。例如，如果居民低估了电器的节能潜力，那么可能会根据自己的喜好购买低能效的产品。能效标识制度通过指出潜在的能源节约成本来纠正居民的理解偏见，因而能引发更多的低碳消费。

许多研究已经讨论了能效标识制度是否能够有效引导居民购买节能终端用能产品，但是根据能效标识类型的不同，所得出的结论也不尽相同（Newell 和 Siikamäki，2014）[93]。Koomey 等（1999）[94] 发现，1990~2010年，美国联邦实施家电能效标准的每 1 美元支出为美国经济贡献 165 美元的净现值储蓄，能效标准的平均效益/成本比约是 3.5。Lu（2006）[95] 通过建立数学模型得出，能效标准制度将节约大量能源，并对保护环境有很大好处。因此，在我国实施电冰箱节能标准是十分必要的。此外，DEFRA（2010）[96] 指出，强制性能效标准通过国家对进入市场终端用能产品能耗量指标的强制性要求，使得居民无法选择能源效率低下的电器。Upham 等（2011）[97] 通过对碳标识实验研究表明，碳标识有利于居民碳排放量的减少。Newell 和 Siikamaki（2014）[93] 进行的一系列大规模实验室研究证实了能效标识制度（能源指南、能源之星和能源效率等级标识）的有效性以及对于居民低碳消费决策的引导作用，其中，欧盟能效等级的升级版被证明是能效标识中最有效的，居民选择节能电器比例高达两倍。Wang 等（2019）[98] 的研究表明，能效标准与标识制度能够促进我国居民选购节能电器。Huse 等（2020）[99] 提出，巴西的能效标识制度有助于提高能源效率。Schleich 等（2021）[100] 通过节能电器销售量的增加证明了欧盟能效标准与标识政策的有效性。Zha 等（2020）[101] 指出，我国的能效标识是有效的，但由于居民能源效率投资缺口（由于市场以及居民行为等原因造成居民对于节能终端用能设备的实际投资水平低于社会最优水平），居民不愿意选择节能家电。然而，Oates 等（2008）[102] 发现仅提供能效等级但缺乏使用产品所需的其他能源信息时，人们并不能够完全信任能效标识。也有研究表明能效标识对于能源效率的提高以及节能低碳产品的选购引导作用有限。Egan 等（2000）[103] 研究证明，美国的能效标识对于节能电器的购买没有影响。同样，Filippini 等（2014）[104] 的研究也得出了相同的结论，欧盟能效标识对能源效率的提高没有显著影响。能效标识制度在推广节能终端用能产品方面的有效性差异很大。

2. 经济激励型居民生活用电碳减排法律机制效应评估

经济激励型法律机制是指通过价格、税收、补贴以及碳排放交易等经济杠杆促进居民的碳减排行为。为了防止污染，鼓励居民的低碳行为，世界银行主张推进经济政策引导居民的低碳行为。作为理性经济人，居民在消费决策过程中总是追求自身效用最大化。即当存在明确的经济激励型法律机制时，居民会以此调整自身消费行为，使自身消费行为符合经济激励型法律机制的调整范围，实现自身利益最大化。对于经济激励型法律机制，大多数研究人员认同经济激励法律机制对于居民节能低碳行为的引导作用，但也有一些研究人员对此提出了质疑。例如，Hayes 和 Cone（1977）[105] 的研究发现，经济激励型法律机制会大幅度降低居民用电量。Cameron（1985）[106] 和 Long（1993）[107] 认为，政府补贴政策可以促进居民的低碳消费行为，激发居民的节能潜力。Muskens（2004）[108] 通过计量经济学模型发现，征收能源税和能源提价对荷兰居民的能源消费具有抑制作用。Iyer 和 Kashyap（2007）[109] 发现，正面奖励的经济政策对居民的低碳行为具有积极影响。Amstalden 等（2007）[110] 采用经济学模型发现，能源价格、财政补贴、税收减免、碳税等经济激励型法律机制都显著影响瑞士居民住宅领域的能效改造投资行为。Sardianou（2007）[111] 指出，通过对清洁能源和节能产品等进行财政补贴和税收减免，能激励更多希腊居民选择绿色能源和低碳产品。刘彬等（2008）[112] 通过实证分析表明，经济动机对居民的低碳行为存在显著影响。贺爱忠等（2011）[113] 通过实证研究发现，消费信贷显著正向影响农村居民的低碳消费意向。陈凯和李华晶（2012）[65] 在分析居民低碳消费行为的影响因素中指出，经济激励型法律机制对于低碳消费行为的影响作用非常重要。朱婧等（2012）[114] 通过梳理世界主要国家绿色经济发展进程指出了经济激励法律机制的重要性。Cho 等（2015）[115] 分析了韩国居民购买节能电视的激励措施对能源消耗的影响，发现经济激励政策使韩国居民减少 5 千兆瓦时的电能消耗以及21200 吨的碳排放。Datta 和 Filippini（2016）[116] 的研究表明，能源之星的补贴政策增加了 3.3%～6.6% 节能家电的销售额，说明了财政补贴等经济激励法律机制对居民低碳消费行为的有效性。

国内学术界对于居民阶梯价格制度也进行了相关的研究。例如，封亚琴和钱希兹（2009）[117] 认为，由于城乡居民用户的广泛性及其个性的复杂多样性，运用居民电价机制来引导居民主动节约用电进而实现节能减排的政策目标是最有效的手段。Shirley 等（2008）[118] 研究发现，居民阶梯价格制度不仅可以满足低收入群体的用电基本需求，而且可以促进居民的节约用电。Erdogdu（2011）[119] 利用 1982~2009 年 63 个国家的面板数据得出，阶梯电价制度对于降低能源消耗非常重要。Lin 和 Jiang（2012）[120] 提出，单一电价不能适应社会发展以及应对环境问题，阶梯电价制度不仅极大地促进了社会公平和经济效率，而且促使居民用电需求和二氧化碳排放量分别减少了 266.8 亿千瓦时和 1411 万吨，实现了居民领域的节能减排。王睿淳等（2013）[121] 以北京市为例，通过经济效益比较得出，居民阶梯电价制度比单一定价方案更具优势，对居民的用电行为产生一定的约束，进而减少居民用电浪费，提高电力资源的使用效率。孙传旺（2014）[122]、Sun（2015）[123]、Farrell 和 Lyons（2015）[124] 研究发现，阶梯电价制度有利于家庭节约用电，而且减少了交叉补贴的扭曲，实现了公平目标，保障了社会福利。俞秀梅和王敏（2020）[125] 利用家庭月度电力消费数据研究发现，阶梯电价改革使得每户居民月均用电量降低 6.5 度，阶梯电价制度对于抑制居民不合理用电效果显著。

部分研究发现经济激励法律机制并不能很好地促进居民的节能行为。Thøgersen（2010）[69] 认为，虽然之前大部分研究都表明税收政策和财政补贴等经济激励型法律机制可以引导居民进行低碳消费，但经济激励型法律机制可能导致居民将低碳消费行为从内在的道德领域转化到外在的经济领域。津巴多和利佩（2007）[126] 也认为，经济激励法律机制并不能使居民的低碳行为内化成内在动机。如果为了报酬进行低碳消费行为，居民的低碳消费行为是由经济报酬的外在动机而非居民本身的内在动机引发的。如果不再实施经济激励型法律机制，居民也不会再有相应的低碳行为。换句话说，经济激励型法律机制有一定的局限性，因此需要进一步评估其对居民低碳行为的影响。Slavin 等（1981）[127] 研究了经济激励型法律机制的效应后指出，外部的经济激励对于居民的节约能源行为只有短期的效应。经济激励一旦停止，居民节约能源的行为也会消失。Abrahamse 等（2005）[128] 在评估居民节约能源政策措施的研究中表明，经济激励型法律机制可以促进居民节约能源，但是节能效果较为短暂。Egmond 等（2005）[129] 研究荷兰 234 个家庭的税收激励政策效果时发现，税收激励政策对于当地的居民节约能源效果较小。Brenčič 和 Denise（2009）[130]、Cansino 等（2011）[131] 发现，税收优惠和补贴等政策并未起到预期效果。尹洁林等（2012）[132] 以大学生群体为调研对象，实证研究结果表明经济报酬对大学生低碳行为不存在显著作用关系。Wang 等（2017）[133] 也得出类似的结论，补贴政策对于我国居民选购节能低碳产品未起到明显作用。

同样，不少学者对于阶梯电价制度的节约资源效果持保留态度。例如牛文琪和史安娜（2013）[134] 通过 ELES 模型仿真分析发现，居民阶梯电价制度对于江苏省大多数居民用电量以及电费支出影响不大或者没有影响，进而对于引导居民节能减排的效果不明显。Du 等（2015）[135] 利用我国 10 个省份的居民能源消费调查数据发现，82% 的受访者在阶梯电价实施后没有改变用电行为。伍亚和张立（2015）[136] 基于广东省微观调查数据，构建计量经济学模型发现，阶梯电价制度在短期内对于居民节约用能有积极的影响，但节能效果随着时间推移有所减弱。吴立军和张明（2015）[137] 选取广东省内 392 户家庭，利用所收集的第一手数据资料对阶梯电价制度实施前后的居民用电量的变化进行实证分析得出，居民阶梯电价制度的节能效果十分有限。伍亚等（2015）[138] 基于广东省 9 个地市的调查数据得出，由于居民收入水平和节能意识存在差异，阶梯价格制度实施后不同收入阶层的居民节能效果差异明显。Khanna 等（2016）[139] 使用 2012 年我国居民能源消费调查数据分析了居民的能源使用情况和居民阶梯电价制度的影响，研究结果表明，居民电力消费受到电力价格和居民收入的影响，单独的阶梯电价制度并不能促进居民的节电行为。刘思强等（2017）[140] 以天津为例采用价差法得出，由于分档电量大以及分档价差少，阶梯电价制度对于改善电价交叉补贴现状的作用有限。

3. 引导与自愿参与型居民生活用电碳减排法律机制效应评估

引导与自愿参与型法律机制是指政府传播与能源消费以及低碳排放相关的知识和信息，引导居民低碳生活方式的形成。引导与自愿参与型法律机制旨在给居民传达低碳理念，使得居民在追求舒适生活的同时，注重环保、节约资源，减少碳排放，实现社会的可持续发展。

对于低碳教育的引导与自愿参与型法律机制，Ritchie 和 McDougall（1985）[141] 发现，向居民提供低碳消费知识能够促进居民的低碳消费。Jaber 等（2005）[142] 运用模糊集合的方法研究指出，宣传教育政策能够鼓励居民使用更加节能的设备，进而节约能源，提高能源效率。Harris（2006）[143] 认为，生态环境教育是提升居民环保意识更为有效的工具，可以通过教育和媒体宣传提升居民的生态环境素养。Iyer 和 Kashyap（2007）[109] 发现，低碳教育政策对居民的低碳行为有积极的影响。Reiss 和 White（2008）[144] 通过分析美国加利福尼亚州能源危机期间圣地亚哥地区数万户家庭的能源消耗发现，相比于能源价格的经济激励型法律机制，节能相关的宣传教育法律制度更为有效。Steg（2008）[145] 认为，低碳教育政策能够增加居民的能源知识、感知、认知、动机和规范，促进居民能源使用过程中其行为的改变，从而实现居民领域的节能行为。因此，可以通过宣传教育等引导与自愿参与型法律机制影响居民的低碳行为，促进能源效率的提升。Gyberg 和 Palm（2009）[146] 研究得出，宣传教育政策可以显著促进瑞典居民的节能行为。Ouyang 和 Hokao（2009）[147] 通过选取我国浙江杭州 124 户居民进行对照实验时发现，节能节电的宣传教育政策促使居民改变日常用电行为，并减少10%的日常用电量，实现了居民领域的节能减排。Mahmoud 和 Alajmi（2010）[148] 对科威特节能活动宣传的定量研究中发现，节能宣传教育政策措施可以节约价值数百万美元的能源消耗量，总能源消耗量和高峰时期能源消耗量分别减少了5%和4%。王建明和贺爱忠（2011）[16] 通过深度访谈发现，低碳的宣传教育政策措施可以有效促进居民的低碳消费行为。陈占锋等（2013）[19] 采用统计方法分析发现，宣传教育与居民低碳行为意向之间存在显著作用关系。岳婷（2013）[32] 通过对江苏省城市居民进行深度访谈并使用扎根分析得出，宣传教育政策措施是居民节能行为的重要影响因素。但是，部分研究人员发现宣传教育的引导与自愿参与型法律制度对于居民节能减排行为的影响并不显著。例如，郭琪和樊丽明（2007）[149] 通过实证研究发现，宣传教育政策措施对于山东省济南市居民的节能减排影响较弱。

信息反馈对于节能的影响可以追溯到 20 世纪七八十年代。自那时以来，现场实验和研究集中于量化分析反馈信息制度对于居民合理用电的有效性（Fischer，2008）[150]。很多文献讨论了信息反馈制度对降低居民电力消耗的有效性，但由于采用不同的反馈机制，结论不尽相同。学者们通过元分析表明信息反馈制度是有效的，可以促进居民的低碳能源消费行为（Delmas 等，2013；Karlin 等，2015；芈凌云等，2016；Nemati 和 Penn，2020）[151-154]，而且信息反馈制度可将居民用电量降低 1.1% ~ 20%（Fischer，2008；Vine 等，2013）[150,155]。

根据类型，信息反馈可以分为直接信息反馈与间接信息反馈（Darby，2006；Karen 等，2010）[156,157]。间接信息反馈是在居民电力消费后通过电费账单的方式提供的信息反馈。间接信息反馈包括终端用能产品的电费信息反馈、电费的历史比较或社会比较。准确和经常性的电费账单使居民更好地了解一年中不同时期的电力支出情况。Henryson 等（2000）[158] 通过研究瑞典节能项目发现，电费账单对于节能有着显著的影响。Gleerup 等（2010）[159] 通过向居民发送关于家庭用电水平的短信和电子邮件来评估信息反馈的影响，研究结果显示，短信和电子邮件传递的用能信息反馈使得居民平均每年的总用电量减少 3%。Carroll 等（2014）[160] 研究表明，收到月度账单和双月账单时的家庭分别减少了 8.7% 和 5.4% 的用电量。Pon（2017）[161] 研究也发现，电费账单报告有助于减少居民用电。Nolan 等（2008）[162] 通过比较规范性信息反馈和其他信息反馈对居民能源消耗的影响时发现，规范性信息反馈对于节能行为产生了最大的影响。Ayres 等（2013）[163] 基于大型田野实验评估社会比较信息对于降低能耗影响的研究中得出了相同的结论。Allcott（2011）[164] 评估了通过向居民发送《家庭能源报告》的节能项目对家庭能源消耗的影响，《家庭能源报告》不仅比较了居民及其邻居的用电量，还提供了居民日常的节能建议。结果发现，该项目平均减少了约2%的能源消耗，相当于电价上涨11%~20%的效果。Trinh 等（2021）[165] 的研究表明，住宅领域的能源信息反馈促使加拿大居民用电量减少了12.8%。

然而，有研究发现间接信息反馈对于居民的能源消费产生较小的影响或没有影响。例如，Andor 等（2020）[166] 发现，基于家庭能源报告的电力反馈仅能减少0.7%的用电量。Khanna 等（2016）[139] 以及 Restrepo 和 Pinzón（2020）[167] 的研究证明电力消耗似乎不受反馈信息的影响，因为居民不知道哪种能源消费活动会产生电力的浪费。Yakov（2021）[168] 的研究发现，信息反馈政策措施并不一定使居民降低能源消耗。

直接信息反馈是一种通过仪表实时提供的即时信息反馈，如室内显示器（IHD）和具有信息反馈功能的智能设备等。智能电表可以帮助居民实时监测电力消费，更好地了解居民的用电量。Houwelingen 和 Raaij（1989）[169] 利用现场实验比较了解能源使用的日信息反馈、月信息反馈和自我监测三种措施的效果，研究结果表明，通过电子指示器规定节约目标并提供每日反馈的家庭能够节约更多能源。Gans 等（2013）[170] 和 Schleich 等（2017）[171] 指出，安装智能电表可以帮助每户家庭分别减少11%~17%和5%的用电量。Aydin 等（2018）[172] 研究表明，通过使用家庭用电显示器的信息反馈平均可以节省约20%的电力。Zhang 等（2019）[173] 证明了安装实时家庭用电显示器对于减少居民用电量的有效性，具体而言，上海市安装的实时家庭用电显示器可以使每月用电量减少约9.1%。然而，Matsukawa（2018）[174] 发现，实时家庭用电显示器的反馈仅对能源消费较多的家庭有效。Hargreaves 等（2013）[175] 发现，在英国安装智能电表不一定能带来电力的节约，这与 Nilsson 等（2014）[176]、Li 和 Cao（2021）[177] 的研究发现一致，通过智能电表提供信息反馈对居民的用电量影响不大。研究人员将这一结果归因于居民不能够很好地理解先进智能设备所提供的信息。

此外，研究人员对于不同类型法律机制的综合效应进行分析，不同类型法律机制对于居民的引导作用是有区别的。Lindén 等（2006）[178] 将居民节能低碳政策分为信息政策、经济政策、行政政策和技术措施 4 种类型，并通过对 600 位瑞典家庭的调查和访谈发现，4 种不同法律机制在引导居民低碳生活方式的作用效果各有不同，通过法律机制组合更能有效地引导居民的节能低碳行为。Sovacool（2009）[179] 基于深度访谈和文献综述，评估促进居民领域可再生能源和提高能效的政策后发现，取消电力技术补贴、准确定价、推行全国上网电价补贴、设立提高居民节能意识的国家基金等较受欢迎，通过美国的案例研究发现这些政策必须协同实施才有效果。Coad 等（2009）[180] 通过 1500 个瑞士家庭的调查数据分析信息政策与经济激励政策对于居民节能汽车购买的影响，研究结果表明，信息政策能够有效激发居民的内在购买动机，而经济激励型法律机制主要影响居民的外在动机。经济激励型法律机制通过影响居民的能源消费成本进而影响其节能行为。芈凌云（2011）[61] 将居民低碳化能源消费的政策工具进行划分，并通过实证分析发现，命令控制型、经济激励型和自愿参与型三类法律机制均可以调节居民的低碳消费行为，但是不同法律机制的调节强度是有区别的。Kelly（2012）[181] 对比信息政策、财政补贴政策、行政监管政策对引导居民购买与使用节能终端用能产品发现，行政监管政策是最有效的。Cools 等（2012）[182] 采用 Q 值分析方法指出，改变居民行为的法律措施有硬法和软法之分，硬法主要包括改进基础设施的法律机制，强制型法律机制和经济激励型法律机制，软法主要包括通过提供信息、教育和宣传广告等方式改变居民的行为规范、动机和感知等。政策制定者需要平衡硬法和软法，组合不同类型的法律机制，有效引导居民的低碳行为。Vringer 等（2016）[183] 通过定性研究发现，荷兰的节能政策工具组合可以实现居民的二氧化碳减排目标，其中能源税的作用最为显著。Huang 等（2016）[184] 通过对比日本和中国建筑部门不同类型的节能减排政策发现，节能减排政策组合有利于降低能源消耗。

总体来说，居民生活用电碳减排法律机制成为很多国家引导居民低碳能源消费行为的工具，因此，关于政策效果的研究也越来越受到重视。现有关于居民生活用电碳减排法律机制效应评估研究文献较为丰富，取得了一些有价值的成果。从文献分布来看，现有文献中以欧美等国文献为主，而国内关于居民生活用电碳减排法律机制效应评估的研究起步较晚，主要始于2000年以后，并且进行系统深入研究的文献较少，定性分析较多、定量研究不足。我国和西方国家相比，在经济发展水平、居民收入水平、受教育程度和文化背景等诸多方面具有较大差异。因此，居民生活用电碳减排法律机制有效性也存在一定差异。另外，研究人员采用不同的研究方法对于居民生活用电碳减排法律机制进行效应评估并提出相应的政策建议，但由于研究方法和所处国别的不同结论也不同。因此，有必要研究我国居民生活用电碳减排法律机制的效应，进而设计符合我国国情的居民生活用电碳减排法律机制。

（四）研究文献评析

对于居民低碳电力能源消费以及碳减排法律机制的相关研究主要集中在概念层面，更加关注居民生活用电碳减排的影响因素等。碳减排法律机制的范式相对限定在了生产领域的供给端，而忽视了生活领域需求端的基础性作用，概念范式有待于进一步拓宽。虽然部分研究人员对于需求端居民节能和减排的实现路径进行了探讨，但是研究更多关注于宏观层面的政策建议，包括对居民低碳消费观念的灌输和建立低碳产品的政策性建议等方面。但是，宏观性的政策建议针对性较弱、可操作性不足，实践中对居民二氧化碳减排行为规制乏力。目前的研究缺乏居民生活用电二氧化碳减排微观机制的设计，很少从微观层面提出具体可行的居民生活用电二氧化碳减排路径。居民二氧化碳减排目标的实现和发展需要较为成熟的微观法律机制作为基础，为居民二氧化碳减排的顺利落实提供根本保障，而当前这方面的研究相对薄弱。因此，必须建立起切实可行的居民生活用电碳减排微观规章制度，从微观层面直接保障居民二氧化碳减排法律机制的供给与实施，进而使得居民二氧化碳减排目标得以长期实现。本书从需求侧居民能源消费与二氧化碳排放的视角出发，对现行居民生活用电碳减排法律机制的现状与问题进行梳理，并从微观层面提出完善我国居民生活用电碳减排法律制度的建议。

目前对具体以居民生活用电碳减排法律机制作为研究对象进行效应的评估文献较为缺乏。在低碳经济的不同发展阶段，居民生活用电碳减排法律机制的侧重点存在较大差异，而国内对居民生活用电碳减排方面的研究缺少系统性，研究内容多集中于命令控制型、经济激励型、引导与自愿参与型法律制度单一类型的定性研究，缺少低碳能源消费以及碳减排法律制度不同工具效应的相关研究。研究方法上对于政策的效应分析多基于居民对于政策调查问卷的描述性统计分析，而运用计量经济学对于政策实施的效应评估研究较少。本书运用计量经济学方法从命令控制型、经济激励型、引导与自愿参与型三个维度对居民生活用电碳减排法律机制进行定量效应分析，根据三个维度的实证分析结果提出有针对性的政策建议，研究结果将为我国居民生活用电碳减排法律机制的完善提供科学依据和优化路径。

居民生活用电碳减排法律机制研究的理论基础多为法学的相关理论，基于经济学和法学的居民生活用电碳减排法律机制的研究仍处于起步阶段，基于经济学和法学多学科融合的研究视角对完善居民生活用电碳减排法律机制具有理论和视角的创新。但是，关于行为经济学理论如何更好地解决居民能源消耗与二氧化碳排放问题，进而完善居民生活用电碳减排法律机制依然有待于进一步探索和研究，国内的理论研究体系还处于前期的探索阶段，更多是对外国研究成果的借鉴与吸收。因此，基于行为经济学视角下对于居民生活用电碳减排法律机制的研究存在广阔的探索空间。本书从经济学和法学的双重视角，尤其是引入行为经济学理论对居民的能源消耗和碳排放行为进行分析与研究，进而提出完善居民生活用电碳减排法律机制的政策建议，将拓宽研究视角并得出更可信的研究成果。

国内学者的理论研究本土化和系统化不足，尚未突破西方学者的研究思维和研究框架。无论是居民生活用电碳减排，还是居民生活用电碳减排法律机制的效应评估，这两个领域的基础理论研究略显薄弱。本书在借鉴国外居民生活用电碳减排法律机制的基础上，根据我国现行居民生活用电碳减排法律机制的现状与问题，从命令控制型、经济激励型、引导与自愿参与型三个维度对居民生活用电碳减排法律制度进行效应分析，提出符合我国国情的居民生活用电碳减排法律机制的完善建议。

三、研究内容与方法

（一）研究内容

本书主要研究了我国居民生活用电碳减排法律机制的现状，从命令控制型、市场激励型以及引导与自愿参与型三个维度对居民生活用电碳减排法律机制进行效应评估。研究内容主要包括：

第一章：绪论。深入剖析了选题背景及研究意义，基于文献检索结果，针对居民生活用电碳减排法律机制进行相关研究成果的文献综述。介绍了主要研究内容和方法，基于文献研究方法、实证分析方法、比较分析法等展开研究，并指出本书创新点。

第二章：居民生活用电碳排放影响及法律规制必要性分析。介绍了居民生活用电碳排放的贡献率及其产生的影响，阐述了居民生活用电碳减排法律机制的必要性，剖析了居民生活用电碳排放法律机制的效应评估理论与方法。居民生活用电碳减排经济学理论主要基于信息不对称理论、外部性理论以及行为经济学理论；法学理论基于生态秩序、环境效率、气候正义论、环境公民理论以及环境责任理论。

第三章：我国居民生活用电碳减排法律机制现状检视。主要聚焦促进居民生活用电碳减排的相关法律机制，总结国内现行法律机制及实施情况，详细阐述居民生活用电碳减排的实然制度结构，重点从命令控制型、经济激励型、引导与自愿参与型三个维度梳理居民生活用电碳减排法律机制。针对居民生活用电碳减排的实然制度，梳理了我国现行居民生活用电碳减排法律机制的局限性。

第四章：居民生活用电碳减排法律机制的实证检验及评估。首先，以能效标准与标识制度为视角分析命令控制型法律机制的效应。梳理了国内外能效标准与标识制度的现状；利用行为经济学理论构建能效标准与标识制度的效应函数，分析能效标准与标识制度的行为经济学作用机理；利用我国社会调查的微观数据，采用离散选择模型对能源效率标准与标识制度进行效应分析，同时分析居民对能源效率标准与标识制度的异质性偏好；针对效应分析结果，讨论可行的政策措施。其次，以居民阶梯电价制度为视角评估经济激励型法律机制的效应。梳理了居民阶梯电价制度的现状；运用断点回归模型对居民阶梯电价制度的实施效果进行实证研究，同时运用多元回归和离散选择模型分析居民阶梯电价制度认知对居民节电行为的影响以及居民异质性对阶梯电价制度认知的影响；根据实证结果，分析阶梯电价制度存在的突出问题，并提出针对性的对策建议。最后，以信息反馈为视角分析引导与自愿参与型法律机制的效应。分析阶梯电价制度的经济学作用机理；利用我国社会调查的微观数据，运用倾向匹配得分方法分别对电费账单与安装智能电表的信息反馈制度进行实证分析；根据实证结果提出政策建议。

第五章：完善我国居民生活用电碳减排法律机制。根据我国居民生活用电碳减排法律机制的实证研究结果，结合我国现行居民生活用电碳减排法律机制的不足，在借鉴国外居民生活用电碳减排法律机制的基础上，分别从命令控制型、经济激励型以及引导与自愿参与型三个维度提出了完善我国居民生活用电碳减排法律机制的建议。

第六章：结论和展望。对我国现行碳减排法律制度中居民生活用电碳排放的规制进行了深入探究，从命令控制型、经济激励型以及引导与自愿参与型三个维度实证分析法律机制的实施效果，同时针对研究局限性提出了未来研究展望。未来研究应该丰富经济实证分析在居民生活用电碳减排法律机制的应用，尝试研究不同干预组合对居民节能减排行为的作用效果，同时完善调查数据以增加代表性和覆盖面，扩大研究结论的适用范围，以更全面、深入地评估法律机制的有效性，提出更具针对性的完善建议。

（二）主要研究方法

1. 文献分析法

文献研究就是梳理国内外研究成果，分析相关研究热点、理论脉络和学科前沿问题。首先，分析当前居民生活用电碳减排法律机制的研究热点、理论脉络及现实困境；其次，整理出信息不对称理论、外部性理论、行为经济学理论以及环境规制理论等主要观点，以此为基础分析我国居民生活用电碳减排法律制度的机理。

2. 实证研究方法

命令控制型法律机制利用 2015 年我国综合社会调查的数据，运用离散选择模型，研究能效标准与标识制度的实施效果，并进行居民终端用能产品的异质性分析。市场激励型法律机制利用 1999~2019 年全国电力的相关数据，采用断点回归模型对阶梯电价制度进行评估，从异质性角度评估不同居民类型的节能效果差异。引导与自愿参与型法律机制利用 2015 年我国综合社会调查的实证调查数据，运用倾向得分匹配法，比较了向家庭发送电费账单和安装智能电表在促进节电方面的信息反馈效果。

3. 比较分析方法

通过与发达国家的居民生活用电碳减排法律机制具体规定的比较，借鉴国外经验，根据实证分析结果提出符合我国基本国情的居民生活用电碳减排法律机制的完善建议和优化路径。

四、研究主要思路和创新点

（一）主要思路

本书以经济学理论和法学理论为逻辑起点，围绕居民生活用电碳减排法律机制与实施效应进行评估，探讨优化居民生活用电碳减排法律机制的路径。主要思路为：厘清优化居民生活用电碳减排法律机制的逻辑起点和理论基础；提出居民生活用电碳减排法律的应然制度机制和制度结构以及实然制度的局限性；运用经济学对于现行居民生活用电碳减排法律机制的实施效应进行实证分析；根据实证分析结果完善我国居民生活用电碳减排法律机制。

（二）创新点

第一，针对居民生活用电低碳化与法律机制进行了较为系统的研究，丰富了碳减排法律机制的研究。

我国现行碳减排法律机制研究多集中在供给侧企业主体的生产行为上，对于企业为主体的减排已设计出完善的法律体系，而对于需求侧居民能源消费以及碳减排法律机制的完善研究较少。本书从需求侧城乡居民生活用电碳减排法律机制为切入点，对城乡居民生活用电碳减排的实施路径进行了研究，为全面建立科学有效的居民生活用电碳减排法律体系提出了可操作、契合实际的建议，拓展了我国碳减排法律机制的研究领域。

第二，从经济学和法学的双重角度分析居民生活用电碳减排的实施路径，对居民生活用电碳减排法律机制进行系统的评估分析。

以往关于居民生活用电碳减排法律机制的研究多停留在制度层面，集中于宏观性政策建议上，鲜有对现行居民生活用电碳减排法律机制进行系统的经济学分析。本书运用经济学和法学相结合的研究方法，通过离散选择模型、断点回归分析以及倾向得分匹配，有针对性地对居民生活用电碳减排命令控制型法律机制、经济激励型法律机制、引导与自愿参与型法律机制分别展开定性和定量研究，通过实证分析找出我国现行居民生活用电碳减排法律机制实施效应不高的症结所在，突破了法学领域对居民生活用电碳减排法律机制的宽泛研究。同时，根据实证结果为优化制度安排提供法律机制建议，突破了经济学领域就低碳消费实现路径的单一研究方法。经济学和法学多种方法的综合运用和相互补充使研究成果更可信，法律政策完善建议更有针对性。

第三，在分析居民生活用电碳减排法律机制的基础上，评估了不同类型法律机制的实施效应。

命令控制型法律机制采用离散选择模型的实证研究分析能效标识制度的有效性，现有研究大多数采用居民报告的假设性购买决策，而本书采用居民实际家电购买数据，而非假设性推断。基于居民实际购买决策行为的研究更具科学性，研究结果发现，能效标准与标识制度以及相关的补贴制度对节能电器的购买具有积极影响，对于我国碳标准与标识法律制度的完善具有一定的指导意义。基于阶梯电价制度的经济激励型法律机制大多针对阶梯电价制度有效性的单一政策目标进行分析，更多关注如何优化阶梯定价机制，而很少关注居民对阶梯电价制度的认知以及居民异质性对于阶梯电价制度的影响。通过阶梯电价制度评估、阶梯电价制度认知以及居民异质性三个角度对我国居民阶梯电价制度的实施效果进行实证分析，结果得出，阶梯电价在引导居民节约能源的效果有限，无法纠正居民不合理的用电行为。法律机制的完善需要考虑融入正确的阶梯电价制度认知以纠正居民不合理用电行为的内容。从引导与自愿参与型法律机制而言，很少研究关注信息反馈制度对于居民降低碳排放的影响，此外，仅有的信息反馈制度研究仅限于区域层面，并且调查样本相对较少，鲜少在全国范围内研究信息反馈与居民节约用能之间的联系。基于全国范围内数据研究发现，电费账单的信息反馈可以对居民节电行为产生积极影响，但安装智能电表的作用影响不明显。研究结果有助于政府及相关管理部门充分认识不同信息反馈制度在引导居民节能减排中的不同作用。

五、本书的基本框架

本书的研究框架如图1-3所示。

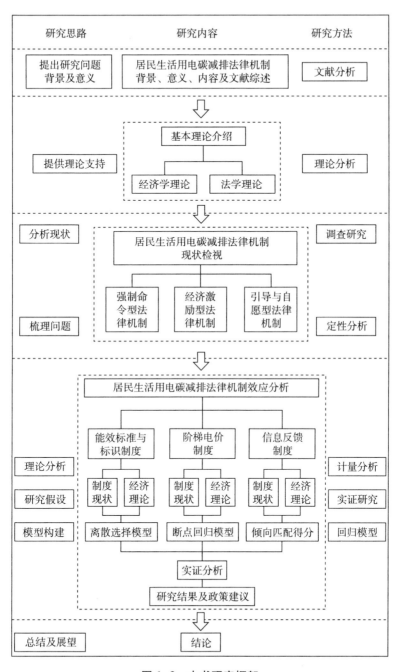

图 1-3　本书研究框架

第二章

居民生活用电碳排放影响及
法律规制必要性分析

应对气候变化、减少温室气体排放，已成为人类普遍关注的时代课题。推动居民节能和减排，首先应全面正确理解居民生活用电碳减排，最终从制度层面创立居民生活用电碳减排政策保障体系和运行机制，其中立法起着先导和基础性作用。居民生活用电碳减排立法属于一个比较新的领域，涉及心理学、经济学、环境能源科学、法学等多个学科，是一个复杂的系统工程。有鉴于此，从基本认识上明确居民生活用电碳减排产生的影响和规制居民生活用电碳减排行为的必要性，是完善居民生活用电碳减排立法的前提。

一、居民生活用电碳排放贡献率及产生的影响

二氧化碳是全球气候变化的元凶，缓解气候变暖的核心是减少二氧化碳的排放量。自 2008 年以后，我国已成为全球温室气体排放最多的国家，且排放量每年仍在大幅增加，其中，城乡居民的能源消费和碳排放在能源消费总量及碳排放总量中占较大的比重。随着我国城镇化的快速推进，城

乡居民能源消费总量及其增长速度呈现不断上升的趋势。《中国统计年鉴（2020）》数据显示，2018年我国城乡居民生活能源消费量约占能源消费总量的12.81%，总量高达60436万吨标准煤。为更加直观形象地呈现城乡居民生活能源消费的变化趋势，图2-1给出2000～2018年城乡居民生活能源消费量、城乡居民生活电力消费量、人均居民生活能源消费量以及人均居民生活电力消费量的趋势。从中可以看出，居民生活能源消费量从2000年的16695万吨标准煤增至2018年的60436万吨标准煤，年均增速为7.41%。从人均能源消费量来看，2000年居民人均生活能源消费仅为132千克标准煤，到2018年居民人均生活能源消费量达到了431千克标准煤。随着居民收入水平和电气化水平的提高，居民生活电力消费总量以及人均居民电力消费量都在不断上升，2018年的居民生活用电总量是2000年的6.9倍，达到10058亿千瓦时，占全社会电力消费总量的14.07%。2000～2018年的人均居民生活电力消费量年均增长10.7%，2018年的人均居民生活电力消费量达到717千瓦时。城乡居民能源需求的不断增长带来居民领域二氧化碳排放的持续增加，居民碳排放量的增长速度也随之超过了企业碳排放量的增长速度。居民碳排放的主要来源是居民能源消耗、交通出行和生活垃圾，其中居民能源消耗的碳排放占60%左右，而居民生活用电碳排放占居民能源消耗碳排放的75%左右（杜运伟等，2015；李治等，2013；杨选梅等，2010）[185-187]。因此，随着社会经济发展和变迁，居民生活用电碳排放越来越受到重视，这就催生了需求侧居民部门电力能源消费与碳排放的研究工作。

居民作为生产端产品和服务需求的最终主体，其电力能源消费成为环境污染和温室气体排放的主要来源，提升需求侧居民低碳电力能源消费是推进我国低碳发展的重要途径。首先，居民低碳化的电力能源消耗本身能够直接减少居民侧二氧化碳排放量，为国家自主减排作出直接贡献。其次，居民低碳的电力能源消费能够有效促进低碳生产和社会低碳转型。目前，居民能源消费的低碳化已经成为影响我国经济整体绿色转型的重要方面。居民是否具有低碳化的价值取向和消费偏好，将在很大程度上影响生

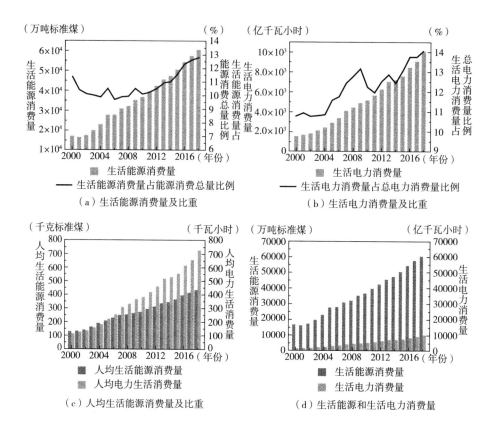

（a）生活能源消费量及比重

（b）生活电力消费量及比重

（c）人均生活能源消费量及比重

（d）生活能源和生活电力消费量

图 2-1 居民生活能源消费量

资料来源：根据 2020 年国家统计局数据绘制。

产端运营与供应链低碳化的形成，居民绿色低碳的电力能源消费可以通过价格机制、竞争机制、信息传导、共存机制，倒逼能源供给侧的低碳转型。通过居民低碳消费观念和行为的变化，间接推动生产端的低碳生产和经营，从而对整个社会的低碳转型产生巨大带动力。因此，提升需求侧的低碳电力能源消费能力，将推进供给侧低碳发展。最后，居民的低碳电力能源消费有助于培养有更高环境素养的居民。通过低碳电力能源消费观念的创新和消费方式的转变，引导居民电力能源消费由增量型向高质型转变，以较低碳排放水平引导经济社会发展方式的低碳化转变。

二、居民生活用电碳排放法律规制的必要性

居民生活用电碳减排需要相应的法律规制和保障。美国经济学家詹姆斯·布坎南指出，没有合适的法律和制度，市场上就不会产生任何体现价值最大化意义上的效率。国外对二氧化碳进行立法规制的路径主要分为三种：①以日本为代表的国家将二氧化碳仅仅看作为温室气体，而非大气污染物，通过制定新的单行法规制碳排放，建立了相对独立的碳减排法律体系。1998 年 10 月，日本国会制定了《全球气候变暖对策推进法》，明确了居民应对气候变暖的责任，并通过税收政策对消费端的居民进行普遍性征税。2008 年，日本发布了《面向低碳社会的十二大行动》，引导居民积极参与低碳社会的构建。②以美国为代表的国家通过判例法将二氧化碳界定为大气污染物的一种，从现行法律体系中寻找突破口，运用现行大气污染防治法律制度与公共政策框架，如《清洁空气法》将二氧化碳纳入其调控范围。2013 年，美国政府发布了《总统气候行动计划》，通过提高能效减少居民的能源消耗以及碳排放。③以欧洲为代表，从定性上认定二氧化碳的"污染性"，但在实践中没有按照污染物质规制碳排放，通过专门规范进行规制。例如，制定碳排放专门立法《欧盟排放交易指令》（2003/87/EC），将二氧化碳排放作为单独的种类进行规制。英国于 2008 年通过《气候变化法》设定了碳排放目标，是全球首个立法规制碳排放的国家，其核心内容是到 2050 年碳排放减少到 1990 年水平的 20%，节能低碳生活方式的构建是其中的重要方面。此外，英国政府制定了实现零碳居民建筑的政策目标，引导居民使用高能效产品及零碳能源。国外已经将生活用能纳入能源政策及二氧化碳减排政策的管控范围，针对生活用能以及碳减排形成了较为完善的法律体系。

为了控制我国居民的高碳排放，这就要求有相应而又恰当适用的法律予以强有力的规制。居民生活用电碳减排立法可以为碳达峰和碳中和提供制度性依据，为低碳经济发展提供法治保障。王明远（2010）[188]指出，为有效应对气候变化，需要通过法律对碳排放进行管理和规制，辨明二氧化碳排放权的物权属性并建立相应的法律制度，实现资源的优化配置，避免大气资源出现"公地的悲剧"。2009年，全国人大常委会通过《关于积极应对气候变化的决议》，该项决议旨在向国际社会表明我国政府积极应对气候变化的坚定态度，但因其内容十分宏观，并不能够成为国务院及各部门出台各项设定二氧化碳排放主体权利与义务内容规章的直接法律依据。2018年最新修订的《大气污染防治法》，首次提出了将二氧化碳与颗粒物等传统大气污染物实施协同控制，并规定"国家逐步推行重点大气污染物排污权交易"且"地方各级人民政府可自行对其他大气污染物实行总量控制"。这意味着二氧化碳排放从一个纯粹的大气科学研究领域走进了法学领域，成为与居民生活密切相关的，必须以法的形式进行规范的领域。《大气污染防治法》首次将二氧化碳排放以法的形式纳入大气污染防治基本立法，为后续碳减排相关立法的完善提供了依据。

碳减排法律机制的对象包括企业等组织体和居民个体两种类型：企业碳排放法律机制是通过强制性的法律规范规定企业在生产经营过程中落实节能减排目标；居民生活用电碳减排法律机制是通过法律机制有效规范居民的高能耗消费模式，引导居民践行低碳环保行为。我国现行碳减排法律机制主要集中在能源电力、工业制造等生产领域，如《节约能源法》、《清洁生产促进法》、《水污染防治法》、《大气污染防治法》、《固体废弃物污染防治法》等法律，都对企业低碳生产相关内容进行了规范，在实践中起到了良好的节能减排效果。但现行碳减排法律机制忽视了消费端居民对于全球气候变化的贡献，居民生活用电碳减排法律机制较少。以居民为主体的碳排放具有基数大和复杂多样的特点，对法律机制的构建提出了更高的要求。因此，需要完善现行居民生活用电碳减排法律机制，将其纳入我国碳减排法律体系，推动我国低碳经济的发展。企业等组织体的法律机制和居民为主体的法律机制的良性互动是推动生态文明建设的重要抓手。消费端居民生活用电碳减排法律机制可以引导居民的低碳消费，进而影响市场供需关系，引导与制约企业的生产决策，倒逼企业进行能源结构和产业结构转型升级，采取低碳的生产方式，进而影响经济增长方式的转变，是减少碳排放最有效的途径。

能效水平、能源价格及节能行为是影响居民电力能源需求和碳排放的重要因素。居民生活用电碳减排法律机制通过改善居民家庭能效、完善生活用能价格和干预生活用能行为来引导居民的节约能源与二氧化碳减排。居民节能与碳减排法律机制存在协同效应，我国居民生活用电碳减排法律机制的逻辑起点与节能法律机制密切相关。居民节能法律机制可以起到促进碳减排的作用，同时碳减排法律机制也能引导居民节约能源。本书旨在研究居民生活用电碳减排法律机制是否可以通过改善居民家庭能效、完善生活用能价格和干预生活用能行为实现降低居民二氧化碳排放的目标。首先，完善提高能效的法律机制，如能效标准与标识制度与相应的补贴制度，引导居民使用绿色清洁能源或节能低碳产品，减少二氧化碳排放。其次，完善能源价格制度，通过阶梯电价制度改变生活用能成本引导居民节约用能。最后，完善引导居民节能低碳行为的法律机制，通过信息反馈和节能宣传制度等促进居民消费方式的转变，改变与能源相关的行为习惯，减少居民能源消费量的同时促进碳减排。

三、居民生活用电碳排放法律规制效应理论及评估方法

（一）居民生活用电碳排放的基本属性

在气候问题方面，气候资源信息具有稀缺性和不对称性的属性。在市

场经济运行中，经济主体之间对相关信息的理解与获取存在一定差异，导致不同经济主体对同一事件的信息把握度产生偏差，拥有信息优势的一方处于相对有利地位，而信息贫乏的一方则处于劣势地位，从而导致市场参与者的逆向选择以及道德风险问题，造成经济效益的降低。在消费市场上，消费者对于购买产品的性能，尤其是具体的能效方面的信息鉴别能力有限，节能低碳产品的低碳属性不同于其他产品属性可以通过外部观察或者触摸等方式感知到，因此，生产者、销售者与消费者之间就形成了信息方面的不对称。由于信息不对称，居民对于节能低碳产品的短期和长期的经济效果知之甚少。居民为获取产品的能效信息，往往需要投入大量的时间和精力，因此，难以取得较好的节能减排效果。许多居民想购买节能低碳产品，但当信息获取成本很高时，居民可能会根据不完全信息进行消费决策，阻碍了他们对节能低碳产品的购买行为。信息不对称通常会引起逆向选择问题，造成"劣品驱良品"的现象，即低能效产品取代高能效产品的现象，从而制约市场优胜劣汰机制的发挥，形成市场的倒退，影响消费者的利益甚至全社会福利的改善。

综上所述，气候问题不满足帕累托最优状态的条件，因此，需要政府对气候问题进行干预。命令控制型法律机制如能源效率标识制度、碳标识制度、能效认证制度、低碳认证制度以及相应的补贴制度，引导与自愿型法律机制如信息反馈和低碳教育制度作为信号传递机制，将产品的能效信息以及碳排放信息以量化的形式表现出来，减少生产者、销售者与居民之间的信息不对称，降低居民获取信息的搜寻成本，引导居民选购绿色低碳的产品，进而减少二氧化碳的排放。《循环经济促进法》、《清洁生产促进法》、《节约能源法》以及《能源效率标识管理办法》等对能效标准与标识制度进行了相关的规定，对于居民侧能源效率的提高以及二氧化碳减排起到了积极的作用。

随着生产力的发展以及生活水平的提高，气候资源作为一种公共物品，助长了居民的自由主义消费观，不加管理，必然导致过度的碳排放，将会出现"公地悲剧"，使人类生存环境遭到难以逆转的破坏。为了减轻气候变化对于人类发展产生的不利影响，无限制地向大气层中排放温室气体的行为需要受到限制。因此，需要建立控制碳排放的法律框架，对居民的碳排放行为进行规制。

此外，气候资源具有外部性特征。外部性理论是可持续发展的理论基础之一，马歇尔首创了外部经济和内部经济的概念，庇古在其理论基础上完善了外部性理论，认为当私人边际收益不等于社会边际收益时，会对经济、社会或环境造成一定的负面影响，但是这种影响没有包含在双方的交易成本中，导致资源配置的无效率，不能实现帕累托最优状态（徐桂华和杨定华，2004）[189]。个人将气候资源消费的后果转嫁于他人，因此产生了环境的外部性（North 和 Thomas，1973）[190]。具体而言，居民生活用电碳排放的外部不经济性是指居民的经济行为影响了其他人并对大气环境产生负面影响，但在市场交易中居民并没有为这些负面影响承担应有的成本费用或纳入居民所消费产品的成本中，导致温室气体排放量超过了社会所需的最优水平。因此，居民排放的二氧化碳具有负外部性，是造成温室效应最主要的主体，但居民没有为二氧化碳排放承担相应的责任。解决其外部不经济性的手段主要有两种：一是科斯手段，侧重运用价格或交易的市场机制解决外部性问题，通过明确界定气候资源产权来实现负外部性成本内部化，如能源价格制度等。气候资源的价值体现在排放权的稀缺性，当这种权利被赋予价格，居民就会作出提高能源效率以及降低碳排放的行为。能源价格制度是我国降低二氧化碳排放的重要经济手段，通过能源价格将居民能源活动的外部成本内部化，合理配置资源。国家发展改革委于2013年出台了《关于完善居民阶梯电价制度的通知》，全面推行居民用电峰谷电价，完善能源价格制度能够提高能源效率，降低二氧化碳排放，进而有效应对气候变化。

矫正气候资源外部不经济性的第二种手段是庇古手段，注重通过政府对市场的干预和管理内化环境外部成本，即政府制定和实施相关的法律制度、经济制度和其他监督管理体制来解决外部不经济性问题，具体措施包括庇古税、排污收费、补贴政策、税收政策等经济激励政策（蔡守秋，

2001)[191]。碳税政策改变了能耗产品的相对价格，从而改变了居民的经济行为，居民将减少消费因征税而变得更加昂贵的高耗能产品，并倾向于选择更低碳环保的产品。税收政策实现外部不经济性内部化，所有居民都会减少二氧化碳排放，直到减少碳排放的边际成本等于税率。因此，二氧化碳征税激励了经济效率，居民不断权衡单位二氧化碳排放成本是否低于其税收成本。通过税收政策提高资源的利用效率，限制高能耗高排放产品的使用，一定程度上抑制了资源的浪费和二氧化碳的排放。解决外部性的另一政策措施为补贴政策，政府为了降低二氧化碳的排放而对居民进行各种补贴，以引导居民选择低碳环保的产品。我国"节能产品惠民工程"等一系列的补贴政策通过推广节能低碳产品，带来巨大的节能减排效果。与环境征税一样，如果补贴设置在正确的水平，通过补贴可以达到帕累托最优状态。因此，外部性理论为居民生活用电碳减排法律机制的实施提供了重要的理论依据。

（二）居民生活用电碳减排面临的制约因素

居民在生活用电碳减排方面面临着许多困难：居民缺乏产品和服务的能耗水平信息，居民的行为失灵和非理性行为也会影响其生活用电碳减排。所以，对于居民生活用电碳减排，不仅是碳排放的信息不对称和外部性问题，还面临着一系列的居民行为问题，这使得设计合理的居民生活用电碳减排法律机制非常重要。

世界各国制定的环境政策主要基于主流经济模型，这些模型将个体行为的决策建立在无限理性假设的基础上（Allcott 和 Mullainathan，2010)[192]。然而，近年来，行为经济学家和实验经济学家发现，在许多情况下，居民都是有限理性的，这表明基于无限理性模型的预测是无法满足实际情况的。因此，需要改善目前对环境政策的研究，行为经济学、法学与环境经济学之间的交叉领域为学科研究和居民生活用电碳减排法律机制设计提供了平台。

行为经济学的可得性启发使居民更加依赖容易获得的信息，而忽视相对不易获得的信息。这是由于注意力是认知中的稀缺资源，居民在处理多项信息或执行多项任务时必须分配其有限的注意力，往往导致有限注意力偏差。基于有限注意力偏差理论，一些简单、突出、易于传递的信息更容易被消费者接受。能源效率标识制度、碳标识制度、能效认证制度、低碳认证制度以及相应的补贴机制可以把居民的注意力集中到商品的节能低碳属性（Kahneman，2003）[90]，能效标识法律制度体现了行为经济学中的获得性启发，即简化原则，可以通过节能低碳的显著信息对居民的低碳消费决策产生更强的影响。

时间偏好不一致指个体在一段时间内用来评估收益和成本的贴现率并不是指数型的，而是双曲型的（Gintis，2000）[193]。个人对近期受益的项目给予较高的贴现率，对远期受益的项目给予较低的贴现率。这种时间不一致的偏好或"偏好逆转"对环境项目的投资决策有较大的影响。由于时间偏好不一致，居民更多关注产品的初始价格，而非产品的生命周期价格。当节能低碳产品的初始价格较高时，居民通常会低估终端用能产品的节能低碳潜力，因而可能不会根据自己的偏好购买节能低碳产品（Allcott，2016）[92]。能效标识法律制度以及相应的补贴制度使居民关注终端用能产品的使用成本和能源成本，纠正了其时间偏好不一致，激励居民对节能低碳终端用能产品的偏好。此外，根据流动性约束理论，流动性约束与低收入的结合会使居民在选购终端用能产品时产生短视行为。当居民绝对收入很低时，由于受流动性约束的影响，居民只能根据已有的流动性资产与现期的收入来规划自己的消费路径和投资行为，因此，节能低碳产品的补贴制度需要根据居民的异质性具体设定。

行为经济学认为，居民对于未来各期的偏好（即贴现率）并不相等，而是随时间呈递减趋势，贴现率的递减还会导致人们早期制订的计划与实际计划执行之间出现差距，即出现时间偏好逆转现象。偏好差异指居民陈述性偏好数据和实际行为表现偏好出现差异的现象（靳国钱，2016）[194]。在购买绿色能源产品时，许多人表示他们更喜欢环境友好的绿色低碳能源产品。然而，在实际行动中，即使人们很容易获得绿色低碳能源，一部分人却不经常选择这类产品。在一项调查中，50%~90%的居民表示他们更喜欢并愿意购买绿色能源产品，但许多欧洲国家市场上购买绿色能源产品的居民仅占0.5%~2%（Pichert 和 Katsikopoulos，2008）[195]。损失规避指居民更多倾向于规避损失，而不是获得收益。对于终端用能产品未来生命周期成本的不确定性与损失规避使得居民不愿意进行绿色低碳消费，引发居民的损失厌恶偏差。经济激励型法律机制如价格制度和补贴制度通过提供激励动机帮助居民解决时间偏好逆转以及损失规避等问题，促使居民实现节能减排的既定目标。

禀赋效应指商品损失带给居民的效用降低要多于相同收益带给居民的效用增加（Tversky 和 Kahneman，1992）[196]。行为经济学认为，由于损失厌恶和禀赋效应，行为人在某种程度上是安于现状的，不愿改变他们的现状，这被称为现状偏见。对现状的偏见会导致人们固守旧习惯，避免改变。这可能是一种合理的行为，因为这样可以避免与变化相关的交易成本。（Kahneman等，1991）[197]。由于人们在面对复杂性和不确定性时越来越依赖于简单的启发式方法，各种简化策略有助于减少认知过载，并在能源消耗方面做出更有效的决策。而当居民更喜欢维持现状而不是接受低碳产品时，就会出现现状偏见，引导与自愿型的法律机制如信息反馈制度可以排除居民在选购产品或者使用能源时的不确定性，通过明确的信息反馈消除现状偏见（Fernandez 和 Rodrik，1991）[198]。因此，政府可以通过制定信息反馈制度以提高能源效率，减少二氧化碳排放。此外，可以将绿色低碳能源或产品设置为默认选项。由于现状偏见，人们在消费决策过程中倾向于保留默认选项而不做出其他改变，这就是默认选项效应。绿色低碳的默认选项对环境后果可能产生重大影响，在某些情况下，其影响可与强制令和禁令的影响相媲美（Chetty 等，2014）[199]。家用电器节能低碳的默认设置不仅使消费者的选择符合既定的偏好，同时也促进节能低碳生活模式的形成，为居民的低碳消费提供保障。

传统经济学认为，经济人是理性自利的，但是行为经济学家通过一系列的个人行为博弈实验得出，现实中经济主体在进行消费等行为决策过程中，往往会对处于劣势的不公平、不道德现象产生厌恶，进而影响人们的经济行为，这就是社会偏好理论。社会偏好理论也适用于低碳产品的消费，居民在进行消费的过程中，并不完全取决于终端用能产品本身的效用和价格，产品是否节能低碳成为居民进行购买决策的一个重要依据，因此，需要运用低碳教育制度提高居民的低碳消费意识，促进居民购买节能低碳的产品和服务。宣传教育制度不仅要从正面加强低碳消费价值观的培育与引导，而且需要通过新闻媒体宣传居民高能耗以及高碳消费模式对于整个气候环境的危害以及社会福利的损失，推动社会舆论对于居民消费的监督作用，使得生产者、消费者以及销售者对高能耗高排放的经济活动产生某种程度的抵制与厌恶，进而在全社会形成节约适度、绿色低碳的生活方式和消费模式。

（三）居民生活用电碳排放的规制理论

从法律规则的价值角度考虑，生态秩序可作为环境法的基础价值所在，气候正义可作为环境法的核心价值所在，二者对于法律规制具有重要的支撑作用。从法律规则的行为主体考虑，环境公民理论鼓励公民积极参与环境保护，环境责任原则要求居民承担公共环境责任，二者提出了法律规制主体的道德和法律义务。从法律规则的目标角度考虑，环境效率是环境法的重要组成部分，为法律规制的内容提供了重要的指导意义。

1. 生态秩序理论

工业革命以来，随着科技与经济的飞速发展，生态风险如资源耗竭、环境污染、生态破坏等成为全球性的趋势，生态失序成为时代的特征。20世纪60年代，《寂静的春天》的面世，人类首次关注自身生存环境的恶化以及自然生态灾难，标志着现代环境运动的肇始，揭开了环境保护运动的序幕。生态秩序正是在这一背景下，通过政府理性推行生态法制，实现人与自然、自然与社会、人与人以及人与社会之间的全新、和谐的动态平衡状态，以法律生态化的理念重新调整人与自然的关系。因此，生态秩序关注范围更为宽泛，由单一的社会秩序发展为社会秩序与生态秩序并存，不仅包含人类社会井然秩序的发展，也包含对于自然规律的遵循，注重协调人与生态环境之间的关系，促进自然界的有序良性发展，实现人类共同利益和社会福利的最大化（陈泉生，2012）[200]。

人与自然之间的良好生态秩序，是居民生活用电碳减排立法的伦理基础。首先，确立生态秩序权利本位的逻辑转型，强调通过推行生态法治对居民环境权利给予更多的尊重和保护。生态秩序的维护应由公权力控制为主转为私权利保护为主，保障居民清洁空气等实体权利以及参与权、监督权等程序权力，通过居民的参与和监督实现生态秩序，进一步巩固公权力的权威性与合法性（马长山，2002）[201]。其次，生态秩序以义务本位为导向，要求居民对于环境资源的污染以及气候资源的破坏等生态危机进行自我节制（吕忠梅，2003）[202]，维护社会公共利益，而公共利益的维护需要居民承担相应的义务。居民根据生态秩序的条件调整自身活动，选择低碳产品，减少和控制二氧化碳气体的排放总量，减缓气候变暖步伐，适应地球生态系统的长期发展，实现人与自然的可持续发展。但是人性的本能即个体本位总会促使人们追求自身利益的最大化，从而损害生态公共利益。这就需要国家通过法律的社会手段引导与构造生态秩序，规制居民承担相应的义务以维护地球生态系统和人类社会的稳定。法律作为生态秩序实现的保障机制，保证权利与权力、义务与职责的合理分配。具体而言，国家制定和实施居民降低二氧化碳排放的法律与法规，监督居民履行维护生态秩序的义务，塑造人与自然和谐发展的生态秩序。

指引功能，是法的核心功能之一，运用法治的手段和方式对居民生活用电碳排放行为进行规范，通过严格的制度和严密的法治促进居民节约能源，降低居民碳排放，推进生态文明建设。居民生活用电碳减排法律规范的制定基础，以尊重生态理念为价值基准，生态法律规范原则为依据，以低碳发展为目的，通过居民生活用电碳减排法律规范引导人的趋利性，增强居民的节能减排行为意识，指引居民的低碳能源消费行为。此外，生态法律秩序的重构需要培养居民的生态法律意识，通过生态法律教育与生态法律启蒙对居民进行有组织的、信息化的影响，这是生态法律秩序的前提与基础。2016 年颁布的《全国环境宣传教育工作纲要（2016—2020 年）》提出，加强生态环境保护宣传教育工作，增强全社会生态环境意识。2021年，生态环境部、中宣部、中央文明办、教育部等 6 部门联合编制了《"美丽中国，我是行动者"提升公民生态文明意识行动计划（2021—2025 年）》，提出推进生态教育法律规范建设，推动全民生态教育工作，夯实美丽中国建设基础，通过向居民普及生态环境保护知识，提高居民的生态法律意识，进而调动居民参与生态环境保护的积极性。但是我国现在的绿色低碳转型存在形式化和表面化的倾向，没有从根本上来解决居民的生态环境意识问题。真正提升居民绿色环保和节能低碳的消费意识，最终还是需要相应的法律法规进行规范和引导（曹霞和李壮爱，2021）[203]。居民的能源消费与碳排放行为，也是法律规制的对象。通过必要的制度设计引导居民在消费过程中将生态环境保护放在首位，促进居民绿色环保和节能低碳的消费行为，是制定居民生活用电碳减排法律机制的主要目标。这种目标的制定，就是要充分发挥居民生活用电碳减排法律机制对于其低碳消费行为的指引功能，通过建立持久有效的制度保障居民领域的节能和减排。

2. 气候正义理论

气候正义是作为环境法的基本价值，是社会正义在环境领域内的表达（曹晓鲜，2011）[204]，旨在以正义的原则来规范人与自然之间以及人与人之间的关系，其实质是"环境利益和负担的分配正义"（梁剑琴，2011）[205]。居民对于气候所带来的利益和福祉享有同等的权利，同时对于气候变化所带来的不利后果承担同等的义务。其核心思想是在气候资源的使用以及风险的分配上，所有主体利益与义务的公平分配。气候正义只有上升为法律正义，并具体化为居民的权利与义务，才能将气候正义的价值理念转化为具体实践，保障气候资源、气候环境利益和义务的公正分配，使得造成气候资源损害的居民对被损害者进行赔偿，保障当代人与后代人平等享有气候资源，真正将气候正义的价值理念落到实处。气候资源的保护影响人类的共同命运，居民生活用电碳减排法律机制是在气候变化背景下保护人类社会整体可持续发展的有效路径，体现气候正义的内在伦理价值，并通过法律手段来实现和保障气候正义（司郑巍，2007）[206]。居民生活用电碳减排法律机制体现了公平与公正的原则，首先，是任何居民从事对气候资源有影响的活动时，即居民进行能源消耗，负有防止对气候资源造成损害，并尽力改善气候资源，降低二氧化碳排放的责任；任何居民的气候资源权益都可以得到有效的保障，受到侵害时均能得到及时有效的救济；对任何居民违反气候资源义务的行为都要予以及时有效的纠正和处罚（陈泉生，2004）[207]。其次，居民个人资源的利用与二氧化碳排放不应危及他人和整个社会的生存与消费（即代内公平），当代人的消费不应危及后代人的生存与消费（即代际公平），即二氧化碳排放权对于当代与后代的每一个人都应该同等地享有。气候正义通过法律的调整、规范与保障才能实现气候利益与风险的分配正义与法律正义。

但是，由于二氧化碳是否属于污染物在法律上没有明确的规定，因此居民作为二氧化碳排放规制中的责任者情形较为复杂，居民既是碳排放的受益者，也是受害者。因此，应明确界定居民合理的二氧化碳减排责任分配，实现气候正义的价值追求，进而推动碳达峰和碳中和目标的实现。在居民生活用电碳减排责任分配中，重要的是排放权的合理分配。为了生存和发展，居民都应享有平等的二氧化碳排放权利，因此在居民生活用电碳减排法律机制的完善过程中需要对居民的碳排放权进行合理、平等的分配。在分配的过程中不仅要考虑当代居民的碳排放权利，更应该考虑到下代居民的碳排放权利与容量。

3. 环境公民理论

环境公民是当代公民围绕环境资源与生态系统及其可持续性发展而产生的一种广义的公民权利与义务。国家以立法的形式保障公民的环境权益，并做到依法管治、善治，确保公民环境权利的平等、自由和公正。公民有权享有合理利用环境气候资源的权利，并对政府实施民主监督，保障自身环境权利的实现。此外，公民必须履行环境法律义务，遵守法律有关保护气候生态环境的规定，不能牺牲他人的环境权益。

居民个体与生态环境之间的关系是环境公民理论的关系基础，居民个体需要顺应生态环境的自然规律。在环境治理问题上缺少居民的支持与参与，环境问题很难取得良好的效果。而且环境公民理论的逻辑结构不仅包含公民身份与环境问题的结合，而且环境权利是公民的应有权利，是环境保护背景下公民权利的扩张。此外，作为环境公民，应当认识到二氧化碳的环境问题，并且在认识的基础上采取有效的措施减少二氧化碳的排放，实现意识和行动之间的协调与平衡。环境公民理论是环境保护与公民责任相互结合的产物。

环境公民理论要求公民积极参与到环境保护中。公民参与原则是环境法中普遍确立的基本原则，碳达峰与碳中和的实现不仅要依法推动，还需要公民的广泛参与，所有政策最终的执行都需要居民的参与才可能产生理想的效果。居民的有效参与是企业发展低碳技术和研发低碳产品的社会环境与市场环境，是推动我国低碳经济的社会基础。居民与碳排放有着直接或间接的关系，是碳排放行动的基层实施者和最终受益者。居民的低碳消费意识和应对气候变化的积极态度对二氧化碳减排目标的实现具有重大意义，具体表现在：一是通过使用清洁低碳能源或节能环保型产品，如居民对节能低碳终端用能产品的选择等进而降低单位产值能耗（即提高能效）；二是通过改变与电力能源相关的行为习惯，如科学使用终端用能产品，节约每一度电等进而实现碳减排。

4. 环境责任理论

环境责任是居民为整个人类的公共环境利益而承担的责任。每个居民都应该履行对公共环境的责任，环境责任源于全球变暖的环境危机，它是事前性与事后性的结合。环境责任意识是居民承担环境责任的前提，它将全球变暖问题防患于未然，同时对于违反环境法律法规的居民予以制裁。

《21世纪议程》明确指出，需要加强居民对环境与发展问题的认识，并参与解决问题，培养个人对环境的责任感，加强对可持续发展的热情和承诺[208]。居民需要提高生态环境保护的责任意识、保护生态环境和生态系统、承担环境资源可持续发展等方面的责任与使命。将居民降低二氧化碳排放作为居民责任之一，其消费模式和生活方式需要符合社会公共利益，促进生态环境可持续发展以及社会的低碳发展，进而推动人的全面发展。这种消费方式既符合生产力的发展水平，又不会对生态环境造成危害，符合人与自然共同和谐发展的要求。居民低碳的消费模式可以倒逼企业采取低碳环保的生产方式，形成对企业环境责任的完善与监督，同时也可以克服政府环境责任的失灵。但是，在当前居民高碳消费、过度消费以及奢侈消费行为没有得到根本转变、生态环境崩溃与资源能源枯竭的背景下，居民环境责任由道德规范向法律责任的转化，就成为促进社会低碳发展的客观现实和必然应对（秦鹏，2010）[209]。运用法律的他律性将居民的环境责任变得更加具体和具有可操作性，将居民责任法律化与制度化不仅可以提高居民的环境责任意识，也可以具体落实居民的环境责任。

我国居民的环境法律责任是逐步发展充实和完善的，如 1979 年颁布的《环境保护法（试行）》按照谁污染、谁治理的原则首次规定了居民的环境责任，1989 年颁布的《环境保护法》中的污染者治理原则提高了居民进行环境治理的社会责任，1996 年发布的《关于环境保护若干问题的决定》通过污染者付费、利用者补偿、开发者保护与破坏者恢复原则具体明确了居民的环境责任。根据法律的规定，居民为降低二氧化碳排放采取一定的行动，同时依法承担因其合法或违法行为造成二氧化碳排放的法律后果。居民生活用电碳减排责任的法律机制的完善为我国碳达峰和碳中和目标的实现提出了具体的处理原则，为气候资源的保护与治理指明了方向。

5. 环境效率理论

效率价值是法律价值体系的重要组成部分，是基于法律经济分析对某一法律实施之后所产生的成本和收益进行测算和分析（卓泽渊，2006）[210]。环境效率理念表示居民生活用电碳减排法律机制追求经济效率、社会效率和环境效率的利益平衡，实现环境与经济、人与自然的和谐发展。环境效率既考虑居民经济活动的内部效率，也考虑居民经济活动的外部效率，并将二者紧密结合，通过法律制度的实施扩大正外部效益，减少负外部效益，追求总体效益、综合效益与最佳效益的统一，实现整体效益的最大与最优（蔡守秋，2005）[211]。环境效率是现代文明社会的要求，也是法律的基本价值之一，旨在以更少的投入获得更多的产出，以实现资源价值的最大化以及二氧化碳排放的最小化，实现最好的经济效益与环境效益。法律通过其特有的强制性与权威性实现环境效率最大化的价值目标。居民低碳教育法律制度以及信息反馈法律制度作为一项投资少、收益高的自愿性环境治理法律制度，可以从源头上减少二氧化碳的排放，推进生态文明建设，实现环境效益。

（四）居民生活用电碳排放法律规制评估

居民生活用电碳减排法律机制是调控居民生活用电碳排放行为的一种普遍性的社会规范，只有通过法律机制的有效实施并产生相应的社会实际效果，才能保证居民生活用电碳减排法律作用的发挥及立法目的的实现。因此，客观准确地评估居民生活用电碳减排法律机制的实施效果和社会影响，对于了解法律机制是否科学，及时发现其在实施中取得的成效和存在的问题，完善居民生活用电碳减排法律机制具有重要的现实意义（张大伟等，2010）[212]。借鉴环保政策类型划分法，可将居民生活用电碳减排法律机制划分为命令控制型、经济激励型和引导与自愿型三类。命令控制型法律机制通过制定法律法规、碳排放标准或者依赖政府行政权力，对于居民生活用电碳排放行为进行强制性干预，以达到气候治理的目标，主要手段包括能效标准与标识、排放标准等。经济激励型法律机制是充分发挥市场的调节作用，如能源价格制度等，给予居民自由选择的权利，实现气候资源的最优配置。引导与自愿参与型法律机制是指由政府引导或通过信息公开、舆论宣传等方式引导居民提升社会减排意识，自发进行环境保护从而实现缓解气候变化的目的。三类居民生活用电碳减排法律机制并不是严格分割的，经济激励型的法律机制建立在命令控制型的基础上，没有强制性的力量推动相关制度的切实落实，能源价格的机制设计就形同虚设。使社会尽快接受命令控制型和经济激励型的法律机制，引导与激励型的法律机制是必不可少的举措，通过长期潜移默化的影响促进居民效用函数逐步低碳化的演变。命令控制型、经济激励型和引导与自愿型法律机制是助推居民节能减排的重要工具，实现居民用电行为的低碳化需要系统的设计和政策的组合。

所谓居民生活用电碳减排法律机制的效果评估，主要有广义和狭义两种解释。广义的效果评估是指对居民生活用电碳减排法律机制从立法到实施的全过程进行调研和评估；狭义的效果评估是指依据一定的程序和标准，对居民生活用电碳减排法律机制的实施效益或效率进行分析。具体来讲，效应是指居民生活用电碳减排法律机制实施的结果与治理目标的契合度；而效率则是从投入产出的角度测度居民生活用电碳减排法律机制实施的成本和收益。本书从狭义的角度针对居民生活用电碳减排法律机制的实施效应进行评估，运用经济学方法量化分析碳减排法律机制实施后对居民产生的效果和影响进行评估，以便揭示法律的实然状态。具体来讲，居民生活用电碳减排法律机制的目的是实现居民部门能源的节约和碳排放的减少，即实现节约能源与减少碳排放的协调发展，因而居民生活用电碳减排法律机制的实施效果主要体现在居民节约能源的效应方面。具体而言，命令控制型法律机制即能源效率标准与标识制度的实施是否实现预期的节能效果。经济激励型的法律机制即能源价格制度是否引导居民节约用电。引导与自愿型法律机制即信息反馈制度是否提升居民的节能意识，促进居民节能习惯的养成。有效测度居民生活用电碳减排法律机制引导居民节约资源和减少碳排放的效应不仅深化了对居民生活用电碳减排法律机制实施效果和引导作用的认识，也有利于及时发现居民生活用电碳减排法律机制在具体实施过程中存在的问题，并为进一步完善居民生活用电碳减排法律机制提供有效建议。

四、小结

随着居民电力能源消费及碳排放在总的能源消费及碳排放总量中的比

重不断提升，居民生活用电碳减排成为推动低碳发展的重要途径。居民生活用电碳排放具有信息不对称和外部性的属性。信息不对称是指居民在进行能源消费的过程中，与生产者、销售者之间掌握的信息有差异，从而导致逆向选择问题。外部性属性是指居民个体的排放及其排放后果由全社会承担的责任机制，造成了气候资源这一公共物品的外部性。此外，居民生活用电碳减排还面临着行为失灵和非理性行为等制约因素。为了控制居民不合理的生活用电及由此产生的高碳排放，这就要求有相应而又恰当适用的法律机制对于居民的碳排放行为予以强有力的规制，从而提高电力能源效率，减少二氧化碳排放。居民生活用电碳减排法律规制的理论基础包括生态秩序理论、气候正义理论、环境公民理论、环境责任理论和环境效率理论。这些理论能够为居民生活用电碳减排法律机制的推行提供理论基础。因而，客观准确地评估居民生活用电碳减排法律机制的实施效果和社会影响，对于了解法律机制是否科学，及时发现其在实施中取得的成效和存在的问题，完善居民生活用电碳减排法律机制具有重要的现实意义。

第三章
我国居民生活用电碳减排
法律机制现状检视

法律体系是指以宪法为统帅,一个国家全部现行法律规范分类组合为不同法律部门所形成的具有内在联系的统一整体(周旺生和张建华,1999)[213]。按照这一定义,居民生活用电碳减排法律体系就是以宪法为指导的,现行涉及引导和规范居民生活用电碳减排的全部法律规范所组成的有机联系的统一整体。但我国现行法律中还没有针对居民生活用电碳减排的专门性法律,居民生活用电碳减排的相关规定分布于诸多法规及规范性文件中。通过对与居民生活用电碳排放规制有关的法律法规进行系统梳理,分析现行法律机制现状与存在的弊端,为进一步完善居民生活用电碳减排法律体系,贯彻实施我国低碳发展的国家战略目标提供依据。

一、现行居民生活用电碳减排法律法规概览

国家制定的一系列战略、规划和政策直接强化和完善了低碳发展政策体系,从 2008 年开始每年发布的《中国应对气候变化的政策与行动》,明确我国应对气候变化的战略和目标、政策与行动以及体制机制建设。低碳政策法规体系作为最重要的气候治理工具之一,2006 年,我国发布的"十

一五"规划首次明确提出了节能减排的约束性指标，2010年全国单位GDP能源消耗在2005年的水平上下降20%。节能在本质上意味着减缓碳排放，节能目标的提出实质上就是实施低碳发展战略。针对居民的碳排放，规划中提出增强节约意识，鼓励使用节能节水产品、节能环保型汽车、发展节能省地型建筑，形成健康文明、节约资源的消费模式。自此，节能减排成为我国从中央到地方各级政府的一项常规性工作，并延续至今。2009年在联合国气候变化哥本哈根大会上，我国政府向世界宣布，2020年我国单位GDP碳排放将在2005年的基础上下降40%~45%，这是我国首次提出碳排放目标，表明了我国应对气候变化和参与全球气候保护的积极态度（温家宝，2010）[214]。2011年，"十二五"规划提出，我国单位GDP能源消耗和单位GDP碳排放在"十二五"期间分别降低了16%和17%。大力推广节能设备，实施节能产品惠民工程，在居民节能减排方面，推动节能减排全民行动，把节约资源贯穿于居民消费领域，推广绿色低碳消费模式。从此，节能目标与碳强度减排目标一并作为我国低碳发展的约束性指标而走向公众视野，并成为各级政府工作考核的一个重点。2014年，我国与美国签订《中美气候变化联合声明》，提出我国将在2030年左右实现碳达峰并争取早日达峰，这是我国首次提及与碳总量控制相关的低碳发展战略目标，促进双方在建筑能效和清洁汽车等方面的合作，标志着我国的低碳发展迈入新阶段。在2015年召开的联合国气候变化巴黎大会上，我国将上述声明以"国家自主贡献"的形式提出，发展绿色建筑和低碳交通，并进一步设定2030年单位GDP碳排放在2005年的基础上下降60%~65%的目标，向世界展现了我国积极应对气候变化的决心和意志。2016年，"十三五"规划提出，单位GDP能源消耗和单位GDP碳排放在"十三五"期间分别下降15%和18%。在居民节能减排方面，提出推进能源消费革命，实施全民节能节水行动计划，推广节能技术和产品，倡导勤俭节约的生活方式。2020年9月，习近平主席在第七十五届联合国大会一般性辩论上提出"二氧化碳排放力争于2030年前达到峰值，努力争取2060年前实现碳中和"，加快形成绿色生活方式，建设生态文明和美丽地球。2020年10月，党的十九届五中全会通过的《中共中央关于制定国民经济和社会发展第十四个五年规划和二〇三五年远景目标的建议》明确指出，广泛形成绿色生产生活方式，碳排放达峰后稳中有降，生态环境根本好转，美丽中国建设目标基本实现。2020年12月，中央经济工作会议将"做好碳达峰、碳中和工作"作为今后一项重点任务，大力发展新能源，完善能源消费双控制度，碳达峰和碳中和已经成为国家的既定目标。2021年10月，国务院印发《2030年前碳达峰行动方案》，提出绿色低碳全民行动。我国政府作出的承诺彰显了我国走绿色低碳发展道路的决心以及为构建人类命运共同体所作出的巨大贡献（郭朝先，2021）[215]。2022年《政府工作报告》明确提出，有序推进碳达峰碳中和工作，鼓励地方开展绿色智能家电下乡和以旧换新，加快形成绿色生活方式。

以下回顾我国居民生活用电碳减排的政策变迁："十一五"时期，开启了我国节能减排政策推动下的居民生活用电碳减排；"十二五"时期，以宣传教育为主线，建立居民绿色低碳的生活方式和消费理念；"十三五"时期，将居民生活用电碳减排纳入现代化经济体系；"十四五"时期，"双碳"目标背景下加快居民生活用电碳减排。我国制定的减少二氧化碳排放的宏观政策以及战略规划为促进我国的低碳发展具有重要作用，这些宏观政策中多次提到形成绿色低碳的生活方式，彰显出居民侧的节能减排对我国低碳发展道路的重要性。

二、居民生活用电碳减排具体法律机制管窥

居民生活用电碳减排法律机制主要包括命令控制型法律机制，即通过立法和监管等措施提出相关禁止性规定，规范居民的低碳消费行为；经济激励型法律机制，即鼓励和支持有利于居民低碳消费的行为；引导与自愿

型法律机制，即树立居民的低碳消费价值理念（见图3-1）。

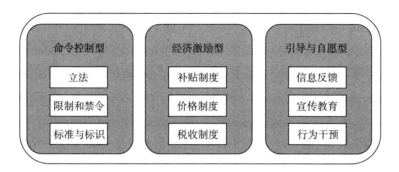

图 3-1　居民生活用电碳减排法律机制

（一）命令控制型法律机制

命令控制型法律机制主要是国家行政机构制定法律法规、环境标准和政府部门推行的规章、条例等对居民碳排放行为进行强制性干预，以达到居民节能和减排的目标。与居民能源消费和碳减排相关的法律法规政策主要包括能效标准、强制性的环境标识与碳标识等（见表3-1）。例如，我国《宪法》从宪法层面为居民节能减排相关法律出台提供了法理依据，居民节能和减排的法律机制都要以宪法为规范和价值依据。《民法典》通过明文规范规定了居民节约消费的义务，补足了居民义务的私法规范缺失。《环境保护法》第六条通过倡导性条款引导居民节约资源，间接降低二氧化碳排放；第三十六条和第三十八条通过规定鼓励和引导居民减少废弃物的产生，推动低碳经济、促进居民减少二氧化碳排放。《大气污染防治法》第七条规定了居民采取低碳生活的法律义务。《节约能源法》第九条第一款不仅明确规定了居民节约能源的义务，同时规定享有举报浪费的权力，居民的环境义务助推其权力的实现。《循环经济促进法》第十条规定居民应履行节约能源、合理消费的义务，将居民节约能源、低碳消费的义务由道德义务转化为法律义务，同时鼓励支持居民对浪费行为的检举揭发以及了解政府循环经济信息的权利，体现了居民参与节能减排的原则以及监督义务。《消费者权益保护法》第五条对居民购买绿色低碳产品进行了引导和规范。国家发展改革委于 2000 年颁布的《节约用电管理办法》，规定居民履行节约用电的义务。国务院于 2011 年印发的《"十二五"控制温室气体排放工作方案的通知》，通过规范居民节电节水等低碳行为，引导居民践行低碳生活方式和消费模式。《节能减排"十二五"规划》明确要求"深入开展节能减排全民行动"，突出了居民作为节能减排的义务主体。2015 年中共中央、国务院印发的《关于加快推进生态文明建设的意见》明确指出，推进生活方式的绿色化和低碳化。2022 年 1 月，国家发展改革委、工业和信息化部、住房和城乡建设部、商务部、市场监管总局、国管局、中直管理局联合印发了《促进绿色消费实施方案》，推动节能低碳产品的销售，引导居民开展节约用电等活动，促进居民实现绿色低碳的生活方式和消费模式。

表 3-1　命令控制型法律机制

年份	名称	部门	内容
2000	节约用电管理办法（第六条）	国家经济贸易委员会、国家发展计划委员会	任何单位和个人都应当履行节约用电义务
2006	关于加强节能工作的决定	国务院	完善能效标识和节能产品认证制度
2007	绿色建筑评价标识管理办法	建设部	规范绿色建筑评价标识工作，引导绿色建筑健康发展
2008	中国环境标志使用管理办法	原国家环境保护部	确保中国环境标志的正确使用，倡导可持续生产和消费
2011	节能减排"十二五"规划	国务院	深入开展节能减排全民行动
2012	清洁生产促进法（第十三条）	全国人民代表大会常务委员会	国务院有关部门可以根据需要批准设立节能等环境与资源保护方面的产品标志，并按照国家规定制定相应标准
2013	低碳产品认证管理暂行办法	国家发展和改革委员会	国家建立统一的低碳产品认证制度
2014	环境保护法（第六条）	全国人民代表大会常务委员会	公民应当增强环境保护意识，采取低碳、节俭的生活方式，自觉履行环境保护义务

续表

年份	名称	部门	内容
2014	环境保护法（第三十六条）	全国人民代表大会常务委员会	国家鼓励和引导公民、法人和其他组织使用有利于保护环境的产品和再生产品，减少废弃物的产生
2014	环境保护法（第三十八条）	全国人民代表大会常务委员会	居民应当遵守环境保护法律法规，配合实施环境保护措施，减少日常生活对环境造成的损害
2014	消费者权益保护法（第五条）	全国人民代表大会常务委员会	国家倡导文明、健康、节约资源和保护环境的消费方式，反对浪费
2015	《关于加快推进生态文明建设的意见》	中共中央、国务院	推进生活方式的绿色化，加快形成勤俭节约、绿色低碳、文明健康的生活方式和消费模式，并强调人人有责、共建共享
2015	节能低碳产品认证管理办法	国家质量监督检验检疫总局和国家发展和改革委员会	节能低碳产品认证，包括节能产品认证和低碳产品认证
2016	关于建立统一的绿色产品标准、认证、标识体系的意见	国务院	构建统一的绿色产品标准、认证、标识体系
2016	民用建筑能耗标准	住房和城乡建设部	规范管理建筑运行能耗
2016	能源效率标识管理办法	住房和城乡建设部	国家对节能潜力大、使用面广的用能产品实行统一的能源效率标识制度
2018	宪法（第十四条）	全国人民代表大会	国家厉行节约，反对浪费
2018	大气污染防治法（第七条）	全国人民代表大会常务委员会	公民应当增强大气环境保护意识，采取低碳、节俭的生活方式，自觉履行大气环境保护义务
2018	循环经济促进法（第十条）	全国人民代表大会常务委员会	公民应当增强节约资源和保护环境意识，合理消费，节约资源。公民有权举报浪费资源、破坏环境的行为，有权了解政府发展循环经济的信息并提出意见和建议
2018	循环经济促进法（第十七条）	全国人民代表大会常务委员会	国家建立健全能源效率标识等产品资源消耗标识制度
2018	节约能源法（第九条）	全国人民代表大会常务委员会	任何单位和个人都应当履行节能义务，有权检举浪费能源的行为
2018	节约能源法（第十八条）	全国人民代表大会常务委员会	国家对家用电器等使用面广、耗能量大的用能产品，实行能源效率标识管理

年份	名称	部门	内容
2018	标准化法（第二十五条）	全国人民代表大会常务委员会	不符合强制性标准的产品、服务，不得生产、销售、进口或者提供
2021	民法典（第九条）	全国人民代表大会	民事主体从事民事活动，应当有利于节约资源、保护生态环境
2022	促进绿色消费实施方案	国家发展改革委会同工业和信息化部、住房和城乡建设部、商务部、市场监管总局、国家机关事务管理局、中直管理局等	鼓励使用节能灯具、节能环保灶具、节水马桶等节能节水产品；鼓励引导消费者更换或新购绿色节能家电

　　我国现阶段与居民消费以及碳排放相关的命令控制型法律机制主要有强制性标准，如能效标准与标识制度，能效标准与标识制度对于引导居民的低碳消费，促进居民侧的节能减排具有重要的意义。例如，《标准化法》提出强制性的能源国家标准；《节约能源法》第十八条、《清洁生产促进法》第十三条、《循环经济促进法》第十七条，通过制定能效标识法律制度加强能效标识的研究与推广。国务院于 2006 年发布的《关于加强节能工作的决定》提出，完善能效标识和节能产品认证制度。建设部于 2007 年发布的《绿色建筑评价标识管理办法（试行）》、原国家环境保护部于 2008 年发布的《中国环境标志使用管理办法》、国家发展改革委于 2013 年印发的《低碳产品认证管理暂行办法》，均通过信息性标识推动国家质量监督绿色建筑的发展。国家检验检疫总局、发展改革委于 2015 年发布的《节能低碳产品认证管理办法》、国务院办公厅于 2016 年发布的《关于建立统一的绿色产品标准、认证、标识体系的意见》，均通过节能低碳产品的认证引导居民购买绿色低碳产品，推动低碳产业发展，进而促进二氧化碳减排。住房和城乡建设部于 2016 年发布的《民用建筑能耗标准》明确各类新建建筑的能耗上限。2016 年实施的《能源效率标识管理办法》对节能潜力大、使用面广的用能产品实行能效标识管理。2022 年 1 月发布的《促进绿色消费实施方案》提出，优化完善标准认证体系，完善和健全绿色

低碳产品标准、认证、表示体系。总而言之，标准制度能够淘汰市场上低能效、高排放的产品，具有明显的经济、节能和环保效益。认证制度以及标识制度发挥了节能低碳的基础性作用，鼓励居民选择节能低碳产品，有利于普及节能低碳产品，提高能源利用效率，引导居民低碳消费，促进节能减排的实现。

命令控制型的法律机制对于引导居民的碳减排具有基础性的作用，一方面通过立法建立居民生活用电碳减排的基本框架，对于居民不合理的碳排放行为作出禁止性规定；另一方面通过能效标准、能效标识与碳标识等监管措施促使居民购买低碳产品，进一步落实法律的强制性要求。

（二）经济激励型法律机制

经济激励型法律机制充分发挥市场的调节作用，以经济激励的方式改变与居民有关的成本与收益，引导居民节约资源，以最小的代价实现二氧化碳减排，其中包括补贴制度和价格制度等（见表3-2）。例如，《环境保护法》第十一条通过激励型的措施引导居民改善环境。《节约能源法》第六十一条、第六十六条和第六十七条通过补贴政策、价格政策以及节能奖励办法激励居民节约能源，增强了居民节约能源的积极性。国务院于2008年颁布的《民用建筑节能条例》第十条，利用法律的经济激励功能，对居民的节能减排行为进行奖励，引导居民节约能源，最终实现减少二氧化碳排放的预期目标。2020年12月，生态环境部出台《碳排放权交易管理办法（试行）》，充分发挥市场在二氧化碳减排中的决定性作用，为全国碳市场建设、运行提供了遵循，加强了对二氧化碳排放的控制和管理。

表3-2　经济激励型法律机制

年份	名称	部门	内容
2006	"十一五"十大重点节能工程实施意见	国家发展改革委、科技部、财政部、建设部、质检总局、环保总局、国管局和中直管理局	有条件的地方可以通过补贴方式对于节能产品予以支持，引导居民购买节能型产品

续表

年份	名称	部门	内容
2007	高效照明产品推广财政补贴资金管理暂行办法	财政部、国家发展改革委	加强高效照明产品的推广使用，逐步替代白炽灯和其他低效照明产品
2008	民用建筑节能条例（第九条）	国务院	对在民用建筑节能工作中做出显著成绩的单位和个人，按照国家有关规定给予表彰和奖励
2009	关于开展"节能产品惠民工程"的通知	财政部、国家发展改革委	对于高效节能的家用电器以及节能环保汽车给予财政补贴，促进居民选择高能效产品，进而降低二氧化碳排放
	高效节能产品推广财政补助资金管理暂行办法	财政部、国家发展改革委	
	"节能产品惠民工程"高效节能房间空调器推广实施细则	财政部、国家发展改革委	
2010	关于进一步加大工作力度确保实现"十一五"节能减排目标的通知	国务院	节能产品惠民工程，推广高效节能空调、节能汽车、节能电机以及节能灯等产品
2011	关于居民生活用电试行阶梯电价的指导意见	国家发展改革委	对居民用电实施阶梯价格政策
2012	"节能产品惠民工程"的补贴政策	国家发改委、工信部、财政部	通过财政补贴方式推广节能低碳产品，促进节能减排
2013	关于完善居民阶梯电价制度的通知	国家发展改革委	全面推行居民用电峰谷电价，以提高电力资源利用效率，促进居民科学、合理、节约用电
2014	环境保护法（第十一条）	全国人民代表大会常务委员会	对保护和改善环境有显著成绩的单位和个人，由人民政府给予奖励
2018	节约能源法（第六十一条）	全国人民代表大会常务委员会	国家通过财政补贴支持节能照明器具等节能产品的推广和使用
2018	节约能源法（第六十六条）	全国人民代表大会常务委员会	国家实行有利于节能的价格政策，引导用能单位和个人节能
2018	节约能源法（第六十七条）	全国人民代表大会常务委员会	人民政府对在节能管理、节能科学技术研究和推广应用中有显著成绩以及检举严重浪费能源行为的单位和个人，给予表彰和奖励

续表

年份	名称	部门	内容
2020	碳排放权交易管理办法（试行）（第十一条）	生态环境部	充分发挥市场在二氧化碳减排中的决定性作用，为全国碳市场建设、运行提供了遵循，加强对二氧化碳排放的控制和管理
2021	中共中央　国务院关于完整准确全面贯彻新发展理念做好碳达峰碳中和工作的意见	中共中央、国务院	完善差别化电价、分时电价和居民阶梯电价政策
2021	2030 年前碳达峰行动方案	国务院	完善绿色电价政策，健全居民阶梯电价制度和分时电价政策，探索建立分时电价动态调整机制
2022	促进绿色消费实施方案	国家发展改革委会同工业和信息化部、住房和城乡建设部、商务部、市场监管总局、国家机关事务管理局、中直管理局等	通过发放绿色消费券、绿色积分、直接补贴、降价降息等方式激励绿色消费，进一步完善居民用电阶梯价格制度

　　补贴制度是国家通过对节能低碳产品购买时的直接或间接补贴来推动节能低碳产品的推广。节能补贴制度包括 2006 年出台的《"十一五"十大重点节能工程实施意见》，2007 年出台的《高效照明产品推广财政补贴资金管理暂行办法》，2009 年出台的《关于开展"节能产品惠民工程"的通知》、《高效节能产品推广财政补助资金管理暂行办法》、《"节能产品惠民工程"高效节能房间空调器推广实施细则》，2010 年发布的《国务院关于进一步加大工作力度确保实现"十一五"节能减排目标的通知》，2012 年的"节能产品惠民工程"，发挥补贴政策的引导作用，缓解居民购买节能产品的经济压力，推动节能终端用能产品的消费，最终降低二氧化碳的排放。

　　价格制度是指政府通过对能源价格的管控进而提高能源使用的成本，抑制能源的过多消费。国家发展改革委于 2011 年制定《关于居民生活用电试行阶梯电价的指导意见》，对居民用电实施阶梯价格制度；发展改革委于 2013 年出台了《关于完善居民阶梯电价制度的通知》，全面推行居民用电峰谷电价，以提高电力资源利用效率，促进居民科学、合理地节约用电。2021 年 9 月，中共中央、国务院印发《中共中央　国务院关于完整准确全面贯彻新发展理念做好碳达峰碳中和工作的意见》（以下简称《意见》），10 月，国务院又发布《2030 年前碳达峰行动方案》（以下简称《行动方案》）。《意见》和《行动方案》将完善价格政策作为碳达峰碳中和工作的重点任务和关键措施，提出了完善能源价格市场化形成机制、深化电价改革等相关要求。2022 年 1 月发布的《促进绿色消费实施方案》提出充分发挥价格机制作用，完善居民用电阶梯价格制度。通过价格制度的引导作用提高资源利用效率，抑制居民的过度消费，增强居民的节能意识。

经济激励型的法律机制通过改变居民消费行为的成本收益，促进居民消费行为的改变。政府通过专项资金科学合理地对低碳产品进行补贴，一方面有助于提高能源效率，引导居民进行低碳消费；另一方面通过将弱势居民和低收入居民纳入补贴范围有助于实现社会公平。通过税收制度和能源价格制度将居民生活用电碳排放成本纳入居民消费决策以此影响居民的消费行为，提高低碳产品的竞争力。

（三）引导与自愿参与型法律机制

引导与自愿参与型法律制度是一种非传统的二氧化碳减排手段，是指居民基于自身环保意识或政府引导自发进行节约能源从而实现降低二氧化碳排放的目的。与居民能源消费与碳排放行为相关的引导与自愿参与型法律制度包括信息交流与宣传教育、用能信息反馈等（见表 3-3）。

表 3-3　引导与自愿参与型法律机制

年份	名称	部门	内容
1991	关于开展全国节能宣传周活动的通知	国务院	每年举办的全国节能宣传周活动

续表

年份	名称	部门	内容
2004	能源中长期发展规划纲要	国务院	强化节能宣传、教育与培训，将节能纳入中小学教育、高等教育、职业教育和技术培训体系，通过节能知识的终身教育使节能成为全体居民的自觉行动
2007	全民节能减排手册	科技部	介绍日常生活中节能减排的科学知识
2012	清洁生产促进法（第十六条）	全国人民代表大会常务委员会	各级人民政府应当通过宣传、教育等措施，鼓励居民购买和使用节能、节水、废物再生利用等有利于环境与资源保护的产品
2012	"十二五"节能减排全民行动实施方案	国务院	通过节能减排宣传教育，倡导全社会参与节能减排，推动居民节能减排和绿色低碳消费
2013	关于开展全国低碳日活动的通知	国家应对气候变化战略研究和国际合作中心	每年开展"全国低碳日活动"，宣传低碳生活方式，提高居民的节能意识，推动居民将节能意识转化为节能减排的实际行动
2014	2014-2015年节能减排低碳发展行动方案	国务院	动员居民积极参与，采取形式多样的宣传教育活动，调动社会居民参与节能减排的积极性
2016	"十三五"节能减排综合工作方案	国务院	通过节能减排宣传教育，倡导全社会参与节能减排，推动居民节能减排和绿色低碳消费
2018	节约能源法（第八条）	全国人民代表大会常务委员会	国家开展节能宣传和教育，将节能知识纳入国民教育和培训体系，普及节能科学知识，增强全民的节能意识，提倡节约型的消费方式
2021	"十四五"节能减排综合工作方案	国务院	深入开展绿色生活创建行动，增强全民节约意识，倡导简约适度、绿色低碳、文明健康的生活方式，营造绿色低碳社会风尚
2021	关于加快建立健全绿色低碳循环发展经济体系的指导意见	国务院	倡导绿色低碳的生活方式，开展宣传、培训和成效评估

　　发展低碳经济，提高二氧化碳减排政策法规的实施效果，最终要落脚于居民节能环保意识的提高和参与能力的增强（杨维松和范开利，2010）[216]。

《清洁生产促进法》第十六条、《节约能源法》第八条均规定，通过节能知识的教育与宣传，构建居民节能的价值、态度与信念，培养节能低碳的消费方式与生活习惯，使居民自觉承担起节能和减排的责任与义务。《能源中长期发展规划纲要（2004—2020）》提出，强化节能宣传、教育与培训，将节能纳入中小学教育、高等教育、职业教育和技术培训体系，通过节能知识的终身教育，使节能成为全体居民的自觉行动。自 1991 年开始，我国每年都举办全国节能宣传周活动，旨在增强居民的低碳环保意识。2007 年科技部发布《全民节能减排手册》，介绍日常生活中节能减排的科学知识，有助于居民养成节能低碳的生活习惯和消费模式。从 2012 年的《"十二五"节能减排全民行动实施方案》到 2021 年的《"十四五"节能减排综合工作方案》，通过节能减排宣传教育，增强居民节能意识，倡导全社会参与节能减排，推动居民形成绿色低碳的生活方式。自 2013 年开始，我国每年开展"全国低碳日活动"，宣传低碳生活方式，提高居民的节能意识，推动居民将节能意识转化为节能减排的实际行动。2014 年国务院办公厅印发《2014—2015 年节能减排低碳发展行动方案》，动员居民积极参与，采取形式多样的宣传教育活动，调动社会居民参与节能减排的积极性。国务院于 2021 年发布的《关于加快建立健全绿色低碳循环发展经济体系的指导意见》提到，倡导绿色低碳生活方式，开展宣传、培训和成效评估。王利（2009）[217] 认为，真正引导居民侧节能减排，有助于推动低碳经济发展的法律与政策体系必须能够有效并及时地反馈信息，我国目前没有节能反馈信息的相关规定。引导与自愿型法律机制通过构建居民低碳的价值消费理念促进低碳消费模式的实现，信息反馈通过向居民提供能源和产品的能效和碳排放信息促使居民思考自己的能源消费行为，通过宣传教育提高居民对于自己能源消费和碳排放的认知，进而引导居民进行低碳消费。

总体而言，我国居民生活用电的法律机制主要包括命令控制型、经济激励型和引导与自愿参与型，不同法律机制有各自的优势和适用范围。命令控制型法律机制通过《宪法》、《民法典》、《节约能源法》、《环境保护法》等立法和监管等措施提出强制性的标准与标识政策，规范居民的低碳电力能源消费行为；经济激励型法律机制通过补贴制度、能源价格制度使居民的低碳电力能源消费得到鼓励和支持；引导与自愿参与型法律机制通过信息公开、绿色低碳教育促进居民的低碳生活方式转型。由于居民生活用电过于分散、异质性强等特点，居民生活用电碳减排法律机制不仅需要消除外部性，同时还需要解决居民行为失灵、社会公平等问题。因此，单一的法律机制难以实现居民的碳排放，需要法律机制的组合。通过组合各种法律机制，共同推动居民侧的低碳转型。通过梳理发现，我国现行居民生活碳排放法律机制有一定的历史合理性，但仍有一定的局限性，亟须进一步完善。

三、现行居民生活用电碳减排法律机制存在的问题

尽管政府已从各个层面开始出台法律法规、标准规程来促进低碳排放，但多数集中于工业节能减排。现行的法律规制工具，如《环境保护法》、《节约能源法》、《大气污染防治法》等均以企业为主要主体，对于居民规定较少且是倡导性建议，也未配套出台详细的实施细则。我国居民生活用电碳减排法律体系建设明显滞后于低碳经济发展需要，存在法律法规体系不健全、可操作性不强、立法与政策实施相脱节、执法力度不足、下位法缺乏上位法依托等主要问题。此外，居民生活用电碳减排的具体法律机制种类和数量较少，且效力等级低下。行政法规、部门规章以及政策性文件内容碎片化、结构模糊、权威性不足。我国目前对居民低碳行为的宣传和教育缺乏创新性的制度设计和系统化与长效化激励机制，居民的低碳理念没有转变为自觉行动，居民的节能低碳行为并没有得到有效、常态

化的引导与调控，导致居民节能减排内在主动性不足。因此，需要完善具体可行的居民生活用电碳减排法律机制，为居民侧的节能和减排提供法律依据以适应我国低碳发展的要求。

（一）命令控制型法律机制中居民生活用电碳减排内容缺失

我国现行法律体系中，没有直接关于"温室气体"、"二氧化碳"相关的内容，居民生活用电碳排放管理还处于法律空白。与之相关的环境、能源和资源立法，对于促进我国低碳经济发展起到了一定的积极作用，但其均有各自的立法目的，法律之间衔接不够，相关法律内容碎片化，没有形成完整的法律体系，缺乏系统性和全面性的法律进行统领，可操作性较差，不能最大限度发挥减少二氧化碳排放的法律效力。此外，碳减排立法落后于政策制定与推进，导致政策内容缺乏明确的法律依据与稳定的约束力，政策的贯彻落实缺少监督。在应对气候变化、推动绿色低碳发展方面，由于缺乏上位法依据，我国出台的大量部门规章和政策性文件缺乏强制实施的法律保障和监督机制，影响低碳经济政策在引导居民节能减排中的作用。

居民在推行节能减排的过程中处于核心位置，但是我国目前的法律、法规、规章和其他规范性文件大都是从政府、生产者的角度去进行碳排放规定，很少对居民进行碳排放规定。居民能源消耗以及碳排放的规制条文较少且内容简略，仅在《宪法》、《民法典》、《节约能源法》、《环境保护法》等自然资源与环境保护相关法中做出了倡导性规定，具有模糊性、宣誓性特征，现行法律规制手段单一，主要设立居民节能的法定环境义务，没有规定居民是否需要承担相应的法律责任，存在法律后果不明确等困境。例如，《环境保护法》第六条、《大气污染防治法》第五条规定了居民保护环境的义务；《循环经济促进法》第十条规定提高居民节能环保意识以及节约资源与合理消费的义务；《节约能源法》第八条规定通过节能知识的教育与宣传，构建居民节能的价值、态度与信念，培养节能低碳的消费方式与生活习惯，使居民自觉承担起节能和减排的责任与义务，第九条规定了居民履行节约能源的法定义务。《节约能源法》作为我国提高能源利用效率、推动全社会节约能源的专门法，对于居民个人节约能源的行为规制不足；在"合理使用与节约能源"章节中，有关规范的规制对象重点是用能单位、工业、建筑、交通运输以及公共机构，并不包括居民个人。在居民节约用能和碳排放责任方面，《节约能源法》、《清洁生产促进法》中只对企业、公共机构等用能单位的节约用能作出强制性义务规定，而对普通居民以倡导性规定为主，没有提出强制性规定。例如，《大气污染防治法》中鼓励居民购买和使用节能环保型和新能源机动车船，但缺乏可操作性的具体措施。因此，这类鼓励性的法律机制缺乏针对性，仅仅停留在应然的层面上。《节约能源法》第六章的法律责任部分主要对于政府以及生产者作出的责任与处罚规定，对于居民的能源使用以及碳排放没有任何责任和处罚规定。目前，居民能源使用责任在我国相关立法中呈现宣誓性的特点，只在总则中进行了原则性规定，只有宏观的引导作用，严重缺少具体的实施内容和执行保障内容，使得居民节能和减排的强制性义务无法有效履行，因此，需要细化落实与之相应的法律规则，使其具有可操作性，这是我国碳减排法律机制亟须完善的关键点。

围绕节能减排形成的一系列政策法规，间接为居民生活用电碳减排政策体系的建立奠定了良好的基础，但是行政法规、政策的权威性较弱。有关居民能源使用与碳排放的行政法规、行政规章以及地方性法规等实体性规定有余，具体、可操作性措施不足。例如，《十二五节能减排全民行动实施方案》、《十三五节能减排综合工作方案》、《2014—2015 年节能减排低碳发展行动方案》、《关于加快建立健全绿色低碳循环发展经济体系的指导意见》等规范性文件中虽然都提到鼓励居民节约消费与低碳消费，但主要是通过宣传教育等措施引导居民节能减排，居民更多地将其视为"倡议书"而非具有强制约束力的法律规范，居民的节能和减排义务无法落实。因此，应当将居民的二氧化碳减排义务上升为法律，以增强其权威性和稳定性。

在控制命令型法律机制中，碳标识认证制度是其重要的组成部分。但是我国目前的碳标识认证制度与认证体系建设尚显不足。我国已出台《节能低碳产品认证管理办法》，旨在建立统一的碳标识认证制度，标志着我国低碳产品认证已进入国家立法阶段，初步构建了碳标识制度的框架，低碳产品认证、管理和监督趋于规范化，但现阶段我国的低碳产品认证标志还不是真正意义上的碳足迹标签，没有建立全国统一的产品全生命周期评价数据库以及产品碳足迹评价标准，实施效果并不理想。此外，《节能低碳产品认证管理办法》的立法层级低，缺乏权威性，具体制度的设计与安排过于简单笼统，只作了原则性规定，对于管理单位的职责规定不具体，对于认证标签的规定不统一，不能实现对居民低碳消费的引导作用，无法满足低碳经济发展的需求。

命令控制型法律机制在居民节能减排领域失效也体现在能效标准与标识制度、碳标识制度不尽完善上。例如，《清洁生产促进法》、《节约能源法》中提到能效标识管理制度，但只是原则性的法律规定，缺乏实际的操作性。此外，2016 年颁布的《关于建立统一的绿色产品标准、认证、标识体系的意见》与 2016 年修订的《能源效率标识管理办法》为我国能效标准与标识制度、碳标识制度的完善提供了法律依据，实践中在一定程度上发挥了引导低碳消费、减少碳排放的作用，但目前的能效标准与标识制度法律位阶较低，且未对认证以及标识产品的性质和种类做出明确界定，就目前发布的能效标识产品目录来看，其认证范围有限，未能涵盖到各个行业与居民生活有关的各类消费产品，居民对于能效标识和碳标识认识不足（Li 和 Cao，2021）[218]，能效标识与碳标识在市场中未达到广泛推行和使用的阶段。

此外，我国 80% 的碳排放与居民使用能源和购买消费品有着直接或间接的关系。因此，居民生活用电碳减排法律机制的另一重要方面是居民低碳消费法律制度的构建（于杰和刘颖，2018）[89]。尽管《循环经济促进法》第十条鼓励和引导居民使用节能环保产品及再生产品以减少废物的产生与排放；《环境保护法》第三十六条鼓励和引导居民使用有利于保护环境的产品和再生产品，这些条款都涉及使用环境友好型产品，但多属原则性规定，不能切实引导居民购买低碳产品。《消费者权益保护法》仅仅是倡导性条款，缺乏可操作性规定。在实践中，居民的低碳消费理念尚未形成，居民过度消费、奢侈浪费等现象依然存在，绿色产品亦未达到普遍适用的阶段，低碳消费制度仍不健全，不能切实引导和规范居民节能减排。

（二）经济激励型法律机制中对居民生活用电碳减排激励不足

在碳达峰和碳中和的背景下，经济激励型法律机制通过改变消费行为的成本收益推动居民行为的改变，不仅能有效减少二氧化碳的排放，更能够助力低碳经济的形成，在节能减排的同时有效带动经济增长。但是我国经济激励型法律机制分散，难以形成激励合力。例如，《节约能源法》第六十六条规定通过财税、价格等经济激励型法律机制，推广电力需求侧管理等节能办法，涉及经济激励型的调整方法，但是调整方法僵硬，难以调动居民节能减排的积极性。岳小花（2018）[88] 认为《节约能源法》中所规定的价格激励措施峰谷分时电价、季节性电价对于居民节约用电的引导效果不佳。《环境保护法》提出国家奖励对保护和改善环境成绩显著的单位和个人，《节约能源法》第六十七条提出通过表彰和奖励的方式鼓励居民研究和推广节能技术以及检举严重浪费能源行为。《民用建筑节能条例》也提出表彰和奖励对于节能建筑做出显著成绩的居民。但是如何落实这些规定缺乏可操作性条款，未制定具体的节能奖励标准和措施，也未出台配套激励制度，导致类似规范往往流于形式，对于居民的节能和减排收效甚微。如何完善现行经济激励法律机制中的居民节能减排内容，使其具体化，是我国当前规制居民生活用电碳排放行为亟待解决的重点问题。

现行法律规范缺乏激励性的政策和规定，未能有效引导居民的绿色低碳消费趋向。居民缺乏低碳消费的习惯，没有对节能低碳终端用能产品产生强烈的购买意愿，除居民的低碳环保意识薄弱外，更重要的原因是相对于传统产品，节能低碳终端用能产品销售价格较高，缺乏市场竞争力，然而我国现行法律法规中没有针对居民低碳消费出台切实可行的经济激励措施。我国目前出台的法律法规、政策基本对供给侧绿色低碳生产进行补贴，对于居民消费侧低碳消费方面的奖励、补贴规定非常少，居民进行绿色低碳消费没有太多的经济鼓励措施，没有体系化地规定绿色低碳消费奖励制度和补贴制度，这就导致了我国居民进行绿色低碳消费的积极性较低，绿色低碳消费推行效果较差（丁浩芮，2020）[219]。节能产品惠民政策如《高效照明产品推广财政补贴资金管理暂行办法》、《关于调整节能汽车推广补贴政策的通知》中，把补贴资金交付给企业，虽然消费者作为最终的受益者，但是由于事中事后监管没有到位，导致政策在实施过程中存在漏洞，补贴监督机制的不完善使得补贴制度的具体实施难以得到有效的保障，国家补贴制度的实际效力大打折扣。生活用能的普遍补贴制度加剧了居民生活用能的不公平，高收入居民受益较大而没有有效保障低收入居民的基本需求。对于建筑节能设备购置的税收、补贴等政策仅仅在试点进行，很难调动居民节能减排的积极性。此外，补贴制度的宣传引导不到位，没有充分发挥补贴制度对于居民节能减排的引导作用。

我国目前的阶梯电价制度对于居民节约用电的作用并不显著。三档电量的划分标准不合理，由于使用二档与三档电量的居民覆盖率较低，阶梯电价制度对于居民科学合理用电的激励作用较小。此外，阶梯电价制度没有体现不同区域居民的用电差别，具体而言，不同自然条件、地理位置以及经济发展水平的差异没有体现在阶梯价格制度中。因此，不能调动居民合理用电的积极性。对于阶梯电价制度的宣传不到位，居民对于阶梯电价制度的不了解不利于阶梯电价制度的推广。

能源的消耗与二氧化碳的排放属于经济行为，居民需要考虑投入与产出的经济效益，成本过高，不利于居民的二氧化碳减排。但是，直接针对居民节能减排的经济激励型法律机制数量整体偏少，激励周期较短，惠及居民有限。且这些政策主要以行政命令推行，市场机制的激励约束还没有被充分发掘。政策之间互相独立，缺乏必要的联系和配合，没有形成协调统一的制度体系，具体的激励措施不够具体和细化、可操作性不强，没有充分发挥经济激励型法律机制对于居民碳减排的引导作用。

（三）引导与自愿参与型法律机制进展缓慢

我国目前的引导与自愿参与型法律机制依靠力量单一，忽视居民的社会自觉，居民参与节能减排的意识淡薄，效果不理想，对居民参与的规定仍存在不足（丁嵘，2011）[220]。例如，《节约能源法》未定义居民的生活能源消费，《节约能源法》以及《节能条例》专门规定了政府在节能管理中的重要作用与职权职责，但是没有充分重视居民在节能减排中的作用（魏胜强，2017）[221]。居民参与节能减排不仅指居民能够参与制定节能减排的法律法规与政策，正确理解和自觉遵守相关规定，承担节能减排的责任和义务，而且能够对节能减排的工作进行监督。但我国现行法律法规对于居民参与只做了原则性的规定，对于细则化的参与方式、程序以及内容没有进行规定（王涵，2018）[222]。引导与自愿型法律机制在促使居民自觉开展二氧化碳减排的实际行动上未能取得令人满意的效果，我国居民积极采取低碳节能行为的意愿仍普遍不高。在节能目标责任制与节能考核评价制度中并没有明确居民的知情权、参与权与监督权（吴志忠，2013）[223]。

关于教育宣传方面，绿色低碳教育法律法规不健全。首先，宪法在培育居民低碳教育方面的相关规定和群众基础比较薄弱。此外，我国尚无低碳教育专门立法，现行立法体系化欠缺，法治化程度不高。在教育基本法层面，《教育法》、《义务教育法》缺少低碳教育的内容；在环境保护法层面，《环境保护法》第九条和第十二条原则性地规定了环保低碳教育，但缺少程序性制度规定，可操作性不足；《清洁生产法》、《固体废物污染环境防治法》中的相关规定也存在类似情况。现实中，有关低碳宣传的政策文件，如《2014—2015年节能减排低碳发展行动方案》、《关于加快建立健全绿色低碳循环发展经济体系的指导意见》等一定程度上起到了推动低碳发展的作用，但其所固有的不稳定性、暂时性等特征，政策落实效果远非尽如人意。城乡之间、地区之间低碳教育宣传发展水平存在较大差距，宣传教育方式亦未得到规范。信息反馈制度作为引导居民节能减排的重要政策工具，在欧洲和美国应用普遍，但是我国对于居民用能信息反馈规制不足，法律中也没有相关的规定。

四、小结

居民生活用电碳排放法律机制是一个综合性的系统工程，我国已在多方面着手推进，其中政策与立法起了很大的作用。本章从命令控制型、经济激励型、引导与自愿参与型三方面全面梳理我国当前与居民生活用电碳减排相关的法律机制，及存在的突出问题，以进一步完善我国居民生活用电碳减排相关法律法规。分析我国现行法律法规得出，我国已将碳中和提升至国家战略高度，经济社会发展模式开始向低碳转型，颁布了许多与居民生活用电碳减排相关的法律机制，为进一步的相关立法奠定了基础。但总体而言，居民生活用电碳减排法律机制处于较低阶段，没有形成系统的制度体系。我国碳减排法律机制对于居民生活用电碳排放关注不足，缺乏专门的命令控制型法律机制对居民生活用电碳排放行为进行规制，居民生活用电碳减排经济激励型法律机制分散，难以形成激励合力，引导与自愿参与型的法律机制发展缓慢。

第四章
居民生活用电碳减排法律
机制的实证检验及评估

　　客观准确地评估居民生活用电碳减排法律机制的实施效果和社会影响，对于了解法律机制是否科学，及时发现其在实施中取得的成效和存在的问题，完善居民生活用电碳减排法律机制具有重要的现实意义。鉴于能效水平、能源价格及节能行为是影响居民电力能源需求和碳排放的重要因素，本章分别选取能效标准与标识制度、阶梯电价制度、信息反馈制度，运用计量经济学方法定量评估不同法律机制对居民能源消费行为低碳化的有效性与可行性，为进一步完善居民生活用电碳减排法律机制提供有效建议。

一、命令控制型法律机制评估：
以能效标准与标识制度为视角

　　能效标准与标识制度作为一种命令控制型法律机制，对于引导居民低碳消费具有重要意义。由于居民对于终端用能产品的潜在收益和成本信息掌握有限，因此，可能不愿意投资更节能但初始成本较高的产品。为了解决这一问题，能效标识制度通过提供能效信息来评估产品的能源利用效率，从而指导居民的能源消费决策，在提高能效的同时减少了二氧化碳排放。在过去的 20 年里，我国实施了一系列强制性和自愿性的能效标准与标识制度以及相应的经济激励型法律机制，以减少居民的电力能源使用，提高终端用能产品的能源效率。本节利用我国综合社会调查的微观数据实证分析能效标准与标识制度以及相应的补贴制度实施效果，并运用 Logistic 回归模型探究居民选购节能产品的异质性分析。

（一）问题与假设的提出

居民生活用电碳排放行为需要法律机制的激励与指导，为了激发我国居民的节约能耗与二氧化碳排放潜力，我国政府自 20 世纪 90 年代以来颁布了一系列命令控制型法律机制，对居民的碳排放行为进行引导（芈凌云和杨洁，2017）[224]。命令控制型法律机制的基础是能效标准与标识制度，为节约能源提供了可执行的法律制度，其根本目的在于实现国家能源标准，从而实现降低二氧化碳排放的目标。由于节能低碳产品的节能特点和优势没有在产品中得到很好的体现，导致人们对节能低碳产品没有很好的认知能力和理解能力。而能效标识制度向居民提供能源产品的节能信息，并给予第三方的认证标识，以增加信息的可信度（Vanclay 等，2011）[225]。我国的能效标准与标识制度是指导居民进行低碳消费的环境信息制度。

作为世界上最大的排放国，我国每年排放 100 亿吨二氧化碳，占全球排放量的 29%~30%。居民能源消耗是全球变暖的重要原因，占总能源需求的 12.8%（Fan 等，2020）[226]。随着经济的持续快速发展和人民生活水平的不断提高，过去 20 年中，家用电器和其他耗能产品的总数迅速增加。居民能源消耗和相应的二氧化碳排放量急剧上升，2000~2015 年年均增长率分别为 7.24% 和 5.27%（Wang 和 Zhang，2020）[227]。居民电力能源消耗给环境治理和生态建设带来巨大压力（李艳梅和张雷，2008）[228]。在这种背景下，居民的节能和减排成为我国低碳发展的当务之急。通过能源效率标识制度降低居民电力能源消耗是缓解气候变化的重要内容，而在不影响居民生活条件的前提下减少居民家庭电力能源消费是减少我国碳排放的有效途径。实际上，家用电器是居民家庭电力能源消耗的主要来源，居民部门约 70% 的二氧化碳排放量来自家用电器，其中空调、冰箱和电视占50%（许琳，2010）[229]。在我国，如果将 1.3 亿台普通冰箱更新为节能冰箱，未来 15 年每年可节能 20%，全国可减少电耗 1200 亿千瓦时（马果等，2012）[31]。这表明我国居民部门具有巨大的节能潜力。居民低碳电力能源消费的实现不仅可以通过终端用能产品技术的改进，更需要居民低碳消费行为的改变，因为居民的能源消费行为是许多复杂环境问题的核心（Linden 等，2015；Kunreuther 和 Weber，2014）[230,231]。改变居民的电力能源消费习惯并引导其购买节能低碳家用电器是节能减排的有效方法。越来越多的研究证据表明，建立居民能源消费法律制度是节约能源以及减少二氧化碳排放经济有效的方法（Brunzell 和 Renström，2020）[232]。

信息不对称通常会导致居民不愿意购买节能低碳的终端用能产品。例如，居民通常无法观察到高能耗产品的负外部性，如与环境污染相关的健康问题（Asensio 和 Delmas，2016）[233]，从而造成居民的福利损失。研究表明，居民选择能源信息有限的用能产品将造成 100~300 美元的福利损失（Sallee，2014）[234]。因此，信息不对称理论是能效标识法律制度最常引用的理论之一（Polverini，2018）[235]。能效标准与标识制度等通过提供产品的能效信息，引导居民购买高效节能产品。《节约能源法》第十八条规定对能耗量大的终端用能产品实行能源效率标识管理。通过能效标识中显著的能效信息减少居民的不确定性，引导居民能源消费决策，最终减少信息不对称造成的福利损失。能效标准与标识制度被认为是提高居民能耗投资回报率最高的方式（Allcott，2011）[236]。这些政策解决了市场信息不对称的问题，并告知不知情居民充分关注能源成本，从而帮助居民克服认知和行为偏见，做出更好的购买或投资决策（Thaler 和 Sunstein，2008）[237]。

近年来，已有 50 多个国家推出了不同形式的能效标识，旨在引导人们购买节能低碳的终端用能产品（Rohling 和 Schubert，2013）[238]。最广泛使用的能效标识是美国联邦贸易委员会（FTC）制定的强制性能源指南，如图 4-1（a）所示。该标识规定始于美国国会于 1975 年通过的《能源政策与节约法案》（EPCA），该法案制定了汽车燃油经济标准与最低能耗标准，同时要求在新的家用电器如冰箱、冰柜、洗衣机、空调等，贴上强制性能源指南能效标识。1978 年美国的《国家能源法案》将自愿性的能效标准转为强制性的最低能耗标准，并规定联邦标准优先于各州标准。1987年美国的《国家电器节能法》为所有 EPCA 产品制定了最低能效标准，并以法律的形式颁布实施，将产品的生命周期费用因素（产品初始成本+使用成本）考虑进去。1992 年美国的《能源政策法案》进一步增加了产品的强制能耗标准。四大法案为美国的能效标准与标识制度搭建了坚实的法律框架。在此基础上，美国能源部还开展了一项居民教育计划，以补充能效标识计划。美国联邦贸易委员会（FTC）在 1994 年推出了新的能效标识，显示每年消耗的能量单位（千瓦时、热或加仑）、该设备与相似产品在能耗方面的对比情况。此外，能效标识还提供估计的年度使用成本，并附有能源价格，从而避免了成本波动的问题。

美国环保署还推行自愿性的能源节约计划——能源之星，如图 4-1（b）所示。能源之星是一项由美国政府主导的自愿性项目，旨在通过开发和使用高能效产品来减少空气污染和缓解气候变化。能源之星标识的节能设备不仅可以减少能源使用量达 40%，而且为每个家庭节约每年几百美元的电费。能源之星计划于 1996 年由美国环保署和美国能源部共同管理，通过互联网、电视广告、公共宣传活动等积极推广能源之星。能源之星的电脑、显示器、复印机、传真机和打印机在不使用时会默认设置为睡眠模式，与正常的功耗相比，下降了 50%~75%（王文革等，2009）[239]。

欧盟主要采用的是强制性的能源效率等级标识，如图 4-1（c）所示。实际上，早在 1992 年，欧盟委员会颁布统一能效标识法规"92/75/EEC"，要求在其产品上标出终端用能产品的能源效率等级、年耗能量等信息，使居民能够选购更节能低碳的终端用能产品。2010 年，欧盟通过了新的能效标识指令"欧盟 2010/30 指令"，将能效标识制度扩展为所有的能源相关产品。2017 年，欧洲发布了新的能效标识指令"欧盟 2017/1369规定"，规定了新的能源标识，并废除了"欧盟 2010/30 指令"，取消了原来的 A+/A++以及 A+++的分类标准，转而用更加严谨的 A~G 分类标准。能效标准与标识制度是欧盟实现其能源效率和气候政策目标的战略支柱，欧盟国家的能效标识制度促使居民家用电器的用电量降低了 10%，减少了 40 亿美元的电费支出（王文革等，2009）[239]。国际上大部分国家如欧盟、美国、澳大利亚、日本等都实施了强制性的能效标识制度，对于居民降低能耗和减少二氧化碳排放起到了积极的作用。

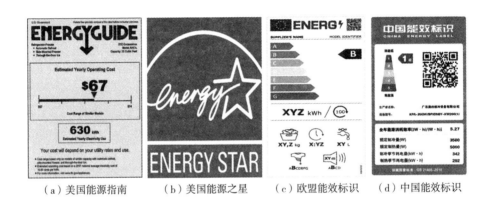

（a）美国能源指南　（b）美国能源之星　（c）欧盟能效标识　（d）中国能效标识

图 4-1　美国、欧盟及中国的能效标识

过去 30 年，为了提高终端用能产品的能源效率，缓解环境问题以及减少二氧化碳排放，我国实施了一系列的能效标准与标识制度（见图 4-2）。1988 年 12 月 29 日通过了《标准化法》，自 1989 年 4 月 1 日起实施，提出强制性的能源国家标准。1993 年 8 月，国家环境保护局发布中国环境标志。1997 年全国人民代表大会通过的《节约能源法》，于 1998 年正式实施，作为我国第一部节能基本法，旨在提高能源利用效率，推进全社会节约能源，实现经济社会环境的可持续发展，该法律的实施标志着我国从法律和制度上确立了节能的重要地位，开始进入全民节能时代。《节约能源法》规定实行能源效率标识管理，这是能效标识法律制度的雏形。1998 年，我国开始实施自愿性的保证标识制度，即节能产品认证制度。2004 年国家发展改革委发布《节能中长期专项规划》，大力推动节能产品认证和能效标识管理制度的实施，运用市场机制，引导居民购买节能型产品。2004 年 8 月，国家质检总局和国家发展改革委联合发布《能源效率标识管理办法》，我国正式实施能效标识制度，我国的能效标准与标识制度属于强制性执行的制度。2008 年修订的《节约能源法》中，四项条款（第十七~二十条）专门针对能效标准而制定，包括淘汰不符合能源效率标准的产品，实施能源效率标识管理办法以及节能产品认证标志的相关规定，为能效标准与标识的实施提供有力的法律支撑。2016 年 2 月发布修订版《能源效率标识管理办法》，如图 4-1（d）所示，明确将"能效信息二维码"作为能效标识的基本内容之一，旨在提高能源利用效率，降低能耗和规范用能产品。

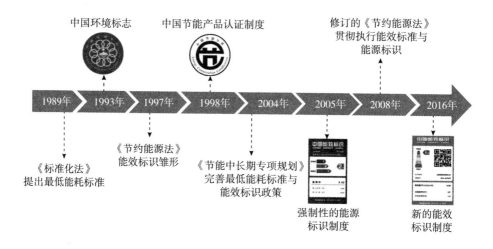

图 4-2　我国能效标准与标识制度

目前实施能效标识管理的商品共 15 批 42 大类，主要为冰箱、洗衣机、空调等产品（见表 4-1）。随着我国经济社会的快速发展和节能减排工作的有效推进，能效标识的产品覆盖范围还会不断扩大，以引导居民理性选择更为节能低碳的终端用能产品，这标志着能源利用效率的不断提高、能源消耗的减少以及碳排放的降低。

表 4-1 我国已发布的能效标识产品目录

批次	产品	实施日期
第一批	家用电冰箱、房间空气调节器	2005 年 3 月 1 日
第二批	电动洗衣机、单元式空气调节机	2007 年 3 月 1 日
第三批	自镇流荧光灯、高压钠灯、冷水机组、中小型三相异步电动机、家用燃气快速热水器和燃气采暖热水炉	2008 年 6 月 1 日
第四批	转速可控型房间空气调节器、多联式空调（热泵）机组、储水式电热水器、家用电磁灶、计算机显示器、复印机、打印机和传真机	2009 年 3 月 1 日
第五批	电饭锅、交流电风扇、交流接触器、容积式压缩机、家用电冰箱（修订）	2010 年 3 月 1 日
第六批	电力变压器、通风机、房间空气调节器（修订）	2010 年 11 月 1 日
第七批	平板电视、家庭和类似用途微波炉	2011 年 3 月 1 日
第八批	数字电视接收器	2012 年 1 月 1 日
第九批	远置冷凝机组、冷藏陈列柜、家用太阳能热水系统	2012 年 9 月 1 日
第十批	微型计算机	2013 年 2 月 1 日
第十一批	吸油烟机、热泵热水机（器）、家用电磁炉（修订）、复印机（修订）、打印机（修订）、传真机（修订）	2015 年 1 月 1 日
第十二批	家用燃气灶具、商用燃气灶具、水（地）源热泵机组、溴化锂吸收式冷水机组	2015 年 12 月 1 日
第十三批	自镇流 LED 灯、投影机、家用电冰箱（修订）、冷水机组（修订）、家用燃气快速热水器和燃气采暖热水炉（修订）、计算机显示器（修订）	2016 年 10 月 1 日
第十四批	家用和类似用途交流换气扇、自携冷凝机组商用冷柜、电饭锅（修订）、家庭和类似用途微波炉（修订）	2018 年 6 月 1 日
第十五批	永磁同步电动机、空气净化器、房间空气调节器（修订）、转速可控型房间空气调节器（修订）	2020 年 7 月 1 日
	道路和隧道照明用 LED 灯具、风管送风式空调机组、低环境温度空气源热泵（冷水）机组、单元式空气调节机（修订）	2020 年 11 月 1 日

资料来源：中国能效标识网。

　　节能低碳终端用能产品的初始购买价格高于同类普通的终端用能产品。为了缩小价格差距，促进节能低碳终端用能产品的购买，我国政府实施了与能效标识与标准政策相关的经济激励型法律机制，包括 2008 年的家电下乡政策、2009 年的节能产品惠民工程以及家电以旧换新政策，通过财政补贴方式对能效等级 1 级或 2 级以上的高效节能终端用能产品进行推广，以补充能效标识与标准制度，提高节能低碳终端用能产品的市场份额。这些政策为节能低碳用能产品带来了成本节约，从而指导居民的低碳购买决策。

能源效率标准和标识制度的实施使能源消耗量显著减少，提高了产品的能效水平和居民的节能意识。到 2020 年，碳排放量、氮氧化物、硫氧化物和大气颗粒物的减排量分别达 1.10 亿吨、170 万吨、1833 万吨和 1035 万吨以上（曹小兵和张治永，2017）[240]，这将大大缓解温室效应、酸雨和光化学烟雾等环境问题，改善生态环境质量，切实提高人民生活品质。我国于 2016 年出台了新的更加严格的能效标识管理办法，积极促进了节能电器的销售。以空调为例，如图 4-3 所示，1 级、2 级能效标识的节能空调销售比例逐步上升，3 级能效标识的比例呈下降趋势，由此可见，随着新的能效标识管理办法的出台，增加了节能空调的市场占有额。

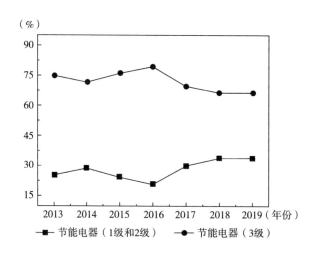

图 4-3　我国空调能效等级销售份额

资料来源：https：//data.iimedia.cn/page-category.jsp？nodeid＝12839117。

居民在促进可持续消费方面起着重要的作用，联合国《2030 年可持续发展目标议程》（*Agenda 2030 for Sustainable Development Goals*，SDG）强调了绿色低碳消费对于缓解气候变化的重要作用，并提出除制造商外，居民还需要承担降低资源消耗以及减少二氧化碳排放的责任。为了实现这一目标，联合国一直在推动低碳消费，并通过教育提高居民对低碳发展的认识（Yu 等，2020）[241]。

但是，当能效信息获取成本很高时，居民可能会根据不完全信息进行消费决策，这可能会导致其过度消费高能耗的终端用能产品。研究显示，近50%的受访者购买终端用能产品没有考虑能源成本信息（Allcott，2011）[236]。Greene（2011）[242] 综述 25 项研究发现，由于无法获得终端用能产品的生命周期成本，近一半的受访者在购买用能产品时低估能源效率标识。

能效标识制度提供了终端用能产品的能效等级或者产品生命周期成本信息，降低了居民获取能效信息的成本，居民能够通过能效标识掌握产品的能耗情况（Roe 等，2001）[243]。这些能效标识解决了付费获取信息所造成的效率低下问题。Newell 和 Siikamaki（2014）[93] 进行了一系列大规模的实验室研究，测试能效标识制度的有效性及其对于居民低碳消费的影响，结果表明能源指南、能源之星和能源效率等级这三种能效标识能够引导居民低碳消费。Allcott 和 Taubinsky（2015）[244] 的研究同样表明，获得灯泡使用成本信息的居民更愿意购买高效的节能灯泡。

信息不对称也会导致居民的启发式偏差。Gintis（2000）[193] 研究表明，居民用来评估跨期成本收益的折现率不是指数型的，而是双曲线型的。居民在评估终端用能产品的价值时，倾向于对较近时期产品的购买成本采用更低的折现率，对较远时期如产品整个生命周期的成本采用更高的折现率。换言之，居民偏好给予产品的初始价格更大的权重，并导致人们购买初始价格较低的高能耗产品（Venkatachalam，2008）[245]。居民的"现时偏向型偏好"使其过度关注目前的购买成本，不能很好地判断用能产品的效用，从而导致能源效率投资不足（Thaler 和 Sunstein，2008）[237]。通过强制性能效标准制度，居民将更多的注意力放在商品的节能特性上，强制性能效标识制度通过可得性启发，即简化规则，使得居民在消费过程中，通常给予一些容易得到的、容易记忆的信息如产品的能效等级很高的权重。强制性能效标识制度通过指出潜在的能源成本节约来引导居民购买更加节能低碳的产品。Camilleri 和 Larrick（2014）[246] 研究表明，终端用能产品的消费在很大程度上取决于能效标识提供的信息。这些能效标识既解决信息不对称问题，又能引导家庭购买节能低碳产品（Allcott 和 Taubinsky，2015）[244]。

能效标识法律制度使居民在进行能源投资时，将未来的能耗成本折算成现值，解决了人们低估未来收益的偏见（Köszegi 和 Szeidl，2013）[91]，保护了由于信息不完善而不能做出有利于自身最佳利益的居民。能效标识使得产品能效信息更加突出，通过简化规则来提高可得性启发，更多关注易得的能效等级和能耗信息，而忽略不易获取的其他产品属性（Schubert 和 Stadelmann，2015）[247]。因此，能效标识法律制度有助于减少获取信息的成本。此外，能效标识制度旨在纠正居民的启发式偏差。当居民低估终端用能产品的节能潜力时，他们可能不会根据自己的偏好购买节能产品（Allcott，2016）[92]。能效标识制度通过清楚地标注终端用能产品的使用成本和能源成本，纠正了其启发式偏差，激励了居民对节能设备的更多投资。

总之，能源效率标识是以直观的方式描述能效等级等能耗指标的信息标签，该能效标识以图形方式展示有关耗能产品的属性，帮助居民评估产品的能耗信息，引导其购买高能效节能产品。能源效率标识的对象包括家用电器、汽车和建筑物等，经济理论和实验证据为能源效率标识制度提供了理论与现实依据，能效标识法律制度的目标是为居民提供产品的能源利用效率以及碳排放量，促进高效节能市场的形成，进而实现国家节能减排的目标。

为了证明以上观点，根据 Gerarden 理论，如式（4-1）所示，构建能效标识制度的经济学模型（Gerarden 等，2015）[248]。当居民选择两种产品 A 和 B 时，往往忽略能源价格和使用成本（Chetty 等，2009；Hossain 和 Morgan，2006）[249,250]。能源标识分为两类：显示产品年使用成本的连续性比较标识（如美国能源指南）和显示产品能源效率等级的等级标识（如中国能效标识），因此终端用能产品可感知的成本现值（PPVC）为：

$$PPVC_j = K_j + \theta(S, N) \times O(E_j, P_E) \times D(r, T) + \mu(S, N)EC + \varepsilon_{ij} \qquad (4-1)$$

其中，K_j 为产品的初始价格。$\theta(S, N)$ 是注意力参数，取决于终端用能产品使用成本现值的显著性 S 以及竞争注意力的其他产品属性 N，由于有限注意力，其中 $0 \leqslant \theta(S, N) \leqslant 1$。$\mu(S, N)$ 是能效等级显著性以及竞争注意力的其他产品属性 N 的函数，其中由于有限注意力，$0 \leqslant \mu(S, N) \leqslant 1$。$O(E_j, P_E)$ 表示每年的使用成本，P_E 表示能源价格，E_j 表示能源消耗。$D(r, T)$ 表示现值因子，r 表示贴现率，T 表示时间。ε_{ij} 表示随机变量。

把终端用能产品视为价格、能耗和其他属性的集合体，根据随机效用理论模型，居民面临一个包含 j 个特性的产品 X_j，居民从该商品属性中获得效用与该商品的属性有关，其中包括商品的能源消耗。居民根据从中获得的预期效用来选择效用最大化的终端用能产品，居民的预期效用函数可以写成：

$$U_{ij} = X_j - \beta_1 K_j - \tau(S, N) \times \beta_2 O(E_j, P_E) \times D(r, T) + \varepsilon_{ij} \qquad (4-2)$$

其中，U_{ij} 是终端用能产品的效用，X_j 是该商品可以观察到的属性，β_1 和 β_2 分别是产品购买价格和每年能源消耗成本的边际效用，K_j 是产品的初始价格。根据这一决策框架，居民获得效用最大化不仅取决于消费品的初始价格，也取决于消费品的使用成本。$\tau(S, N)$ 表示终端用能产品的使用成本和能源消耗的注意力参数，其中 $0 \leqslant \tau(S, N) \leqslant 1$。$O(E_j, P_E)$ 表示每年的使用成本，P_E 表示能源的价格，E_j 表示能源消耗。$D(r, T)$ 表示现值因子，r 表示贴现率，T 表示时间。ε_{ij} 表示随机变量。

居民在购买产品时应考虑所有这些因素，尤其是使用成本和能源成本。但是在现实生活中，有限理性的居民更多关注产品的初始价格，而忽略或低估终端用能产品的使用成本和生命周期成本。这是由于注意力是一种稀缺资源，分配到较为显著的信息上成本较小（Sallee，2014）[234]。能效标识法律制度以能效等级和能效信息来显示终端用能产品的能源使用和二氧化碳排放等信息，并通过展示使用成本或生命周期成本来显示终端用能产品的隐含成本信息。随着终端用能产品的使用成本和能源成本的不确定性减少，居民的预期效用增加。根据能源效率标识上的能源等级以及能源消耗量等能效信息，居民可以比较市场上不同品牌终端用能产品的能效信息，了解终端用能产品的使用成本以及生命周期成本，进而有利于居民选购节能低碳的终端用能产品。因此，强制性能效标识制度解决了能效信息的不对称问题和高能耗高排放终端用能产品的负外部性，并通过政府的监督管理职责保障能效标识制度的实施。

此外，能效标识法律制度的有效性在很大程度上取决于能效标识产品信息的呈现形式以及居民是否根据产品能效信息进行节能低碳产品的购买（Thøgersen 和 Ölander，2002）[251]。欧盟的能效标识将原来的 A+++、A++ 和 A+等级替换为 A~G 来体现产品能效等级，居民更愿意购买节能低碳的产品（Ölander 和 Thøgersen，2014）[252]。

许多研究已经讨论了能效标识制度是否能够有效引导居民购买节能终端用能产品，但是随着标识类型的不同，结论也不尽相同（Newell 和 Si-ikamaki，2014）[93]。Schleich 等（2021）通过节能电器销售量的增加证明了欧盟能效标识的有效性[100]。Zha 等（2020）指出我国的能效标识是有效的，但居民由于能源效率缺口不愿意选择节能家电[101]。Egan 等（2000）[103] 和 Filippini 等（2014）[104] 的研究表明能效标识对于能源效率的提高以及节能低碳产品的选购引导作用有限。鉴于研究结果的多样性，有必要确定能效标识制度是否能对节能终端用能产品的销量产生积极影响。最低能效标准和能源标识制度的有效性可能会因能效标识的类型和所在国家以及地区而有所不同。据此，提出研究假设如下：

假设 1：能效标识法律制度对于购买高效终端用能设备有显著正向影响。

损失规避是指居民更多倾向于规避损失，而不是获得收益。对于终端用能产品未来生命周期成本的不确定性与损失规避使得居民不愿意进行绿色低碳消费，引发居民的损失厌恶偏差（Tversky 和 Kahneman，1992）[196]。与能效标识有相关的补贴制度通过减少居民的损失厌恶偏差，引导消费者选择节能终端用能产品（Mahlia 等，2013）[253]。与能效标识有关的补贴制度的研究结果表明，能源之星的补贴制度增加了节能家电的销售量（Datta

和 Filippini，2016）[116]。Filippini 等（2014）[104] 指出补贴制度在降低能源需求以及减少碳排放方面发挥了重要作用。然而，Wang 等（2017）[133] 发现中国的补贴制度对于节能设备的购买影响较小。鉴于研究结果的多样性，有必要研究能效标识相关的补贴制度是否能对我国节能低碳家电的销售产生积极影响。据此，提出研究假设如下：

假设 2：与能效标识制度相关的补贴制度对高效节能设备的购买有显著正向影响。

在能源效率投资的过程中，居民的异质性也是需要考虑的内容，由于居民个体的消费习惯不同，年度的能源消费量也不同，因此，对于节能产品的投资水平也不尽相同。只有考虑居民个体的异质性，才能了解居民的实际能效投资水平，进而制定科学的能效制度。关于人口统计变量，芈凌云（2011）[61] 运用统计分析和结构方程的实证研究表明，居民低碳化的能源消费行为是法律制度等外部情境因素，家庭收入、家庭人口数量等家庭特征因素以及性别、年龄、职业、婚姻状况、受教育程度等人口统计因素相互作用的结果。杨波（2012）[64] 通过郑州市居民调查数据的实证研究得出，居民收入水平以及补贴制度等因素对居民低碳消费产生重要影响。陈凯和李华晶（2012）[65] 定性分析居民低碳行为的影响因素得出，经济激励等外部情境因素与性别、年龄、收入和教育等人口统计特征是影响居民低碳消费行为的关键要素。Nguyen 等（2019）[254] 发现在越南，较高的教育水平、较高的收入和孩子数量较多的家庭对购买节能电器产生积极影响，而年龄和性别对节能家电的消费影响较小。Abeliotis 等（2010）[255] 研究表明年龄、收入水平和教育水平是影响希腊低碳消费的重要因素。显然，由于这类研究的结果不同，需要更多的研究来了解人口统计学和节能家电购买之间的关系。据此，提出研究假设如下：

假设 3：人口统计学变量（性别、年龄、收入水平、所属地区、教育程度、职业类型、户口类型、家庭人口数量和房屋大小）会影响居民选择高能效的终端用能设备。

许多实证研究利用离散选择模型分析能效标识制度的有效性，这些研究通过问卷调查的形式要求参与者对不同的电器的属性（包括能效标识制度）做出假设性的选择，但是这些研究是基于居民的假设性购买，而非实际的购买情况。相比之下，本书采用基于家庭调查购买决策的市场数据，要求参与者报告他们过去的实际家电购买决策，而非假设性的推断，因此，研究结果更具有科学性。

（二）研究设计

为验证以上假设，采用了离散选择模型来评估居民购买节能家电的意愿，该模型对于研究因变量取值离散、影响因素多属性的居民低碳消费行为具有独特优势，促使政策制定者进行科学决策。离散选择模型以随机效用理论为基础，用来分析所研究对象在市场环境中被购买的情况。居民的购买行为是由诸多因素共同作用的结果，居民从多种选择方案中作出对自己效用最大的选择。离散选择模型在低碳消费中的应用主要研究不同因素对于居民选择节能低碳产品的影响。居民选购节能家电和不选购节能家电是二元选择，适用离散选择模型中的多变量分析，因此采用二项 Logit 模型来量化居民选购节能家电与影响因素之间的关系。由于居民的购买行为受到法律制度等多方面因素的影响，这种技术可以应用于居民购买行为的偏好受到法律制度的影响分析（Baltussen 等，2006）[256]。具体而言，使用 Logistic 逻辑回归模型，如下所示：

$$P_j = F\left(\beta_0 + \sum_{i=1}^{m} \beta_i x_{ij}\right) + u = \frac{1}{\left\{1 + \exp\left[-\left(\beta_0 + \sum_{i=1}^{m} \beta_i x_{ij}\right)\right]\right\}} + u \quad (4-3)$$

$$\ln \frac{P_j}{1 - P_j} = \beta_0 + \sum_{i=1}^{m} \beta_i x_j \quad (4-4)$$

其中，P_j 表示居民拥有节能终端用能设备的概率，x_{ij} 表示第 i 个样本的第 j 个解释变量，β_i 表示解释变量的系数，m 表示解释变量的个数，β_0 表示截距项，μ 表示随机误差项。

在这项研究中，因变量 y 表示能效等级为 1 级和 2 级的节能电器（空调和洗衣机）的拥有量（1＝拥有节能设备，0＝其他）。根据相关文献研究（芈凌云，2011；陈凯和李华晶，2012；Nguyen 等，2019；Abeliotis 等，2010）[61,65,254,255]，选取包括年龄、性别、地区、教育水平、房屋面积、户籍、职业、收入、家庭规模、能效标识制度、补贴制度在内的自变量 x_j，如下：

$$y = F(x_1, x_2, x_3, \cdots, x_j) \tag{4-5}$$

本书数据源于我国综合社会调查（Chinese General Social Survey，CGSS）2015 年的问卷调查资料。我国综合社会调查是一项对我国各省份 1 万多户家庭进行连续性横截面的调查，由不同的模块组成，包括核心、能源与法律等模块。每个模块使用不同的样本量来系统地调查社会结构与生活质量之间不断变化的关系。在本书研究中，采用了核心模块（样本量为 10968）和能源模块（样本量为 3557）来讨论能效标准与标识制度以及相应的补贴制度对于居民节能终端用能产品的影响因素，剔除数据缺失的样本，最终的样本为 1143。

调查因变量为节能电器的拥有量，这一变量来自 2015 年 CGSS 问卷的第 E21 和 E59 题的能源效率标识的测量：没有标识、一级能效、二级能效、三级能效、四级能效、五级能效。其中，将一级能效和二级能效设定为拥有节能电器，其余为其他。自变量为受访者的人口统计学变量和政策变量。其中，人口统计学变量包括性别、年龄、收入、文化水平、居住地区、职业、户籍（农村和城市）、住房人口和房屋面积，政策变量包括能效标准与标识制度以及补贴制度，研究其对节能空调和节能洗衣机的影响。空调和洗衣机作为最常见的家用电器，是最早实施强制性能效标准与标识的产品批次。

此外，参考 Huse 等（2020）[99]、Schleich 等（2021）[100] 和 Wang 等（2017）[133] 的相关文献，以冰箱与洗衣机的购买日期及是否享受补贴制度作为政策指标，探讨能效标识制度及补贴制度是否对节能家电的购买具有积极的影响。补贴制度包括节能产品惠民工程、家电下乡政策以及家电以旧换新。节能产品惠民工程政策通过对居民的财政补贴，推广使用能效等级 1 级或 2 级以上的高效节能家电。家电下乡政策对于纳入补贴范围内的家电产品给予一定比例的财政补贴，促进农村消费升级，提高节能标准。家电以旧换新政策的出台促进了家电产品升级换代，提高资源利用效率，实现节能降耗。

　　表4-2概述了研究中的人口统计学变量和政策变量，主要研究能效标识制度以及补贴制度对于节能家电购买的影响。研究调查要求每位受访者陈述所购买空调和洗衣机的能效标识、购买年份以及是否享受补贴制度，研究重点是识别哪些解释变量促使居民选购节能家电。为了保证研究数据的合理性，将研究中的基本描述性统计数据与国家统计局的统计数据进行比较。为了验证样本中的统计数据具有很好的代表性，将样本调查中的人口统计学数据与国家统计局2015年统计年鉴数据进行比较。图4-4（a）为调查样本与国家统计局公布的年龄分布。在综合社会调查中，户主为问卷调查的主要对象，因此，在18~29岁与60+岁的年龄分布上存在一些差异，其余类别与国家统计局的数据基本相似。图4-4（b）为调查样本与国家统计局公布的教育水平，由图可知，样本中的教育水平的总体趋势与国家统计局所发布的教育水平趋势保持一致。如表4-3所示，研究样本中的户籍和性别分布与国家统计局的分布非常吻合。

表4-2　能源效率标识制度样本家庭变量描述

变量	变量描述	问题	描述统计	最大值	最小值	均值	标准差
label1	能源效率标识	空调能源效率标识	拥有节能电器=1，其他=0	1	0	0.483	0.499
label2	能源效率标识	洗衣机能源效率标识	拥有节能电器=1，其他=0	1	0	0.480	0.499
location	所属区域	您所在的城市	东部=1，中部=2，西部=3	3	1	1.370	0.579
gender	性别	您的性别	男=1，女=0	1	0	0.466	0.499
age	年龄	您的出生日期	连续性数据	93	18	49.435	16.391
income	收入	您全年的总收入	连续性数据	5000000	0	70000	262254

续表

变量	变量描述	问题	描述统计	最大值	最小值	均值	标准差
education	教育水平	您的最高教育程度	小学=1，初中=2，高中=3，大专院校=4，研究生=5	5	1	2.597	1.111
occupation	职业	您的工作情况	全职=1，兼职=2，自营=3，退休=4，学生=5，失业=6	6	1	2.594	1.659
residence	户籍	您的户口登记状况	城镇居民=1，农村人口=0	1	0	0.573	0.495
population	家庭人口数量	您家里一共有几口人	连续性数据	10	1	2.957	2.957
living area	房屋面积	您住房的建筑面积	连续性数据	990	8	94	85.186
labelling policy	家电购买日期	您家家电（空调、洗衣机）的购买日期	<1990年，1990~1995年，1995~2000年，2000~2005年，2005~2010年，2010~2015年	6	1	5.199	0.948
subsidy	补贴制度	您家家电（空调、洗衣机）的购买补贴情况	享受补贴制度=1，没有补贴制度=0	1	0	0.087	0.283

资料来源：2015年综合社会调查问卷。

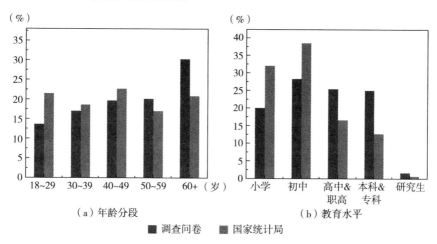

图4-4 调查问卷和国家统计局的教育水平和年龄阶段

资料来源：根据综合社会调查问卷与国家统计年鉴数据绘制。

表4-3　调查问卷与国家统计局的户籍与性别分布　　　　单位:%

户籍	调查问卷	国家统计局	性别	调查问卷	国家统计局
城市户口	57.31	56.10	女	53.28	48.78
农村户口	42.69	49.30	男	46.72	51.22

资料来源：根据综合社会调查问卷与国家统计年鉴数据整理而得。

(三) 实证结果

表4-4显示了使用SPASS的Logistic回归模型结果。对于节能空调的购买，教育程度、能效标准与标识制度的回归系数在0.01水平显著，说明教育水平与能效标识制度对购买节能空调有显著的正向影响，教育水平和能效标准制度的优势比分别为1.183和1.477，教育水平以及能效标准制度每增加1单位，节能空调的投资概率将分别提高1.183倍和1.477倍。补贴制度与房屋面积的相关系数在0.05水平显著，说明补贴制度与房屋面积对节能空调的购买具有显著的正向影响。补贴制度和房屋面积的优势比分别为1.576和1.001，意味着分别增加1单位的补贴和房屋面积，节能空调的投资概率将分别提高1.576倍和1.001倍。区域的回归系数为-0.349，并且在0.05水平显著，显示出东部地区的居民比中西部地区的居民更愿意购买节能空调。其他解释变量的p值高于0.05，无法说明性别、年龄、收入、职业、户籍和家庭人口数量与节能空调的选购存在关系。

表4-4　空调购买Logistic模型回归结果

变量	系数	标准差	Wald χ^2	p 值	exp（B）
age	-0.003	0.005	0.520	0.471	0.997
gender	-0.076	0.125	0.374	0.541	0.927
income	-0.000	0.000	0.550	0.458	1.000
location	-0.349	0.148	2.985	0.018	0.824
residence	0.214	0.144	2.199	0.138	1.238
education	0.187	0.063	5.963	0.003	1.183

续表

变量	系数	标准差	Wald χ²	p 值	exp（B）
living area	0.284	0.128	3.346	0.026	1.001
occupation	−0.001	−0.001	0.001	0.975	0.999
population	−0.060	0.048	1.536	0.215	0.942
labeling policy	0.394	0.071	30.316	0.000	1.477
subsidy	0.455	0.220	4.359	0.038	1.576
intercept	−2.668	0.647	14.107	0.000	0.092

表 4-5 给出了洗衣机多元 Logit 回归模型的结果，受教育程度的回归系数为 0.01，具有统计学意义（系数＝0.213，p＝0.005＜0.01），说明受教育程度对购买节能洗衣机有显著的正向影响。教育水平的优势比（因为 exp（0.231）) 是 1.237，意味着随着教育程度的提高，购买节能洗衣机的预期概率增加 1.237 倍。能效标识制度和补贴制度的系数值在 0.01 水平显著，表明能效标识制度和补贴制度对节能洗衣机的购买具有显著的正向影响，能效标识制度和补贴制度的优势比分别为 1.430 和 1.882，意味着分别增加 1 单位的能效标识制度和补贴制度，居民购买节能洗衣机的比率分别增加 1.430 倍和 1.882 倍。区域系数为−0.438，p＝0.10＜0.05，所以在 0.05 水平显著，说明与中西部地区的居民相比，东部地区的居民更愿意购买节能洗衣机。

表 4-5　洗衣机购买 Logistic 模型回归结果

变量	系数	标准差	Wald χ²	p 值	exp（B）
age	−0.004	0.060	0.004	0.947	0.996
gender	−0.205	0.136	2.279	0.131	0.814
income	−0.000	0.000	3.632	0.057	1.000
location	−0.438	0.171	5.788	0.010	0.897
residence	0.198	0.157	1.577	0.209	1.219
education	0.213	0.075	8.255	0.005	1.237

续表

变量	系数	标准差	Wald χ^2	p 值	exp (B)
living area	0.000	0.001	0.220	0.639	1.000
occupation	0.001	0.046	0.000	0.989	1.001
population	−0.004	0.053	0.006	0.939	0.996
labeling policy	0.353	0.071	25.342	0.000	1.430
subsidy	0.642	0.212	8.883	0.002	1.882
intercept	−2.735	0.525	15.515	0.000	0.079

为验证模型的有效性，首先，采用模型 Omibus Test 似然比检验对空调和洗衣机模型的有效性进行了分析。p 值小于 0.05 表明该模型是有效的。空调和洗衣机检验结果的 p 值均为 0.000，说明该模型是有效的。Negelkerke R^2 取值越接近 1，说明方程的拟合优度越好。如表 4-6 所示，空调和洗衣机的系数 Negelkerke R^2 取值分别为 0.791 和 0.863，说明节能空调与洗衣机的模型预测准确率分别为 79.1% 和 86.3%，意味着拟合优度较好。

表 4-6　模型拟合效果及拟合优度检验

终端用能设备	似然比检验			Hosmer-Lemeshow 拟合度检验		
	−2 Log likelihood	Cox-Snell R^2	Negelkerke R^2	卡方	自由度 df	显著性
空调	61.006	0.522	0.791	13.415	8	0.911
洗衣机	63.957	0.641	0.863	13.116	8	0.955

其次，在 Logistic 回归模型中采用了 Hosmer-Lemeshow 的拟合优度检验，证明根据模型得出的预测值与实际观测值之间的差异是否显著（Hosmer 和 Lemesbow，1980）[257]。该检验确定观察到的节能电器占有率的零假设 H_0 是否与预值匹配，然后返回 p 值。p 值小于 0.05，则节能电器占有率的预测值与观测值存在偏差，因此模型的拟合优度不好，应予以拒绝。如表 4-6 所示，空调检验和洗衣机检验的 p 值分别为 0.911 和 0.955，Sig. 大于显著性水平 0.05，因此模型拟合优度较好。

　　最后，对于能效标准与标识制度对于居民节能设备的购买进行了稳健性分析。考虑到补贴制度与能效标准与标识制度是相关制度，实施补贴制度会影响能效标准与标识制度的效应。具体而言，2008 年的家电下乡政策、2009 年的节能产品惠民工程以及家电以旧换新政策，通过财政补贴方式对能效等级 1 级或 2 级以上的高效节能终端用能产品进行推广。为排除补贴制度对于居民购买节能家电的影响，得到更为干净的因果效应，将获得补贴制度的居民变量删除，对没有获得补贴制度的居民进行实证分析，结果如表 4-7 所示。研究结果表明，能效标准与标识制度对于居民购买节能空调与节能洗衣机产生显著的正向影响关系，进一步验证了能效标准与标识制度引导居民购买节能电器的估计结果具有一定的稳定性。

表 4-7 Logistic 模型回归结果

变量	空调回归系数	洗衣机回归系数
age	-0.070 (-1.222)	0.005 (0.085)
gender	-0.149 (-1.144)	-0.205 (-1.407)
income	-0.000 (-0.750)	-0.110 (-0.850)
location	-0.462* (-2.109)	-0.000* (-2.087)
residence	0.002 (1.860)	0.197 (1.192)
education	0.220** (2.971)	0.277** (3.089)
living area	0.270** (2.613)	0.001 (0.651)
occupation	-0.019 (-0.439)	0.017 (0.345)
population	-0.046 (-0.921)	0.025 (0.430)

续表

变量	空调回归系数	洗衣机回归系数
labeling policy	0.386** (5.329)	0.383** (5.201)
intercept	−2.065** (−3.337)	−2.904** (−4.243)
似然比检验	χ^2 (10) = 49.309, p = 0.000	χ^2 (10) = 52.776, p = 0.000
Hosmer-Lemeshow 检验	χ^2 (8) = 6.295, p = 0.614	χ^2 (8) = 9.304, p = 0.317

注：括号内为 t 值，*、**、***分别表示在 10%、5% 和 1% 水平显著。

（四）结果与讨论

本部分探讨了能效标准与标识制度和相应的补贴制度是否会促进居民购买节能电器，以及哪些人口学统计变量会影响节能家电的实际拥有量。研究结果表明，能效标准与标识制度对节能电器的购买有积极的影响。Newell 和 Siikamaki（2014）[93] 的大规模实验室研究同样证明了包括能源指南、能源之星和能源效率等级在内的能效标准与标识制度的有效性。Wang 等（2019）[98] 研究也表明能效标准与标识制度能够促进我国居民选购节能电器。因此，应进一步完善能效标准与标识制度以及相关的配套设施，逐步扩大能效标识的覆盖范围，推广应用到居民住宅能耗中，以引导居民节能减排。

通过实证研究表明享受节能电器补贴制度的居民更倾向于投资节能低碳家电。其他研究也证明了补贴制度对于居民购买节能低碳家电的有效性。Long（1993）[107] 对美国 6346 户家庭进行了调查，结果表明享受补贴制度的居民更愿意购买节能设备。Cho 等（2015）[115] 研究表明韩国居民购买节能电视时的补贴制度可以促使居民节约用电，减少二氧化碳排放。由此可见，与能效标识制度相关的补贴制度能够有效促进居民购买节能低碳的终端用能产品，应进一步完善补贴制度，使补贴制度更具有针对性，进而实现居民侧节约用能与减少碳排放的目的。

在教育方面，实证结果表明节能终端用能产品的拥有量与教育水平呈正相关，居民的受教育水平越高，购买节能低碳终端用能产品的概率越大。其他研究者也得出了类似的结论，如 Harris（2006）[143] 指出，生态环境教育是政府可提供的更为有效的法律制度，即通过生态环境教育提高居民的环境意识。Steg（2008）[145] 认为，教育可以增强居民的能源知识与认知，从而实现居民的节能低碳行为。Mills 和 Schleich（2010）[13] 的研究表明，拥有较高教育水平的居民更倾向于购买带有能效标识的节能电器。因此，通过教育宣传可提升居民的低碳消费理念，增加居民的节能知识，进一步引导和规范居民节能减排。

区域变量也是影响节能空调和洗衣机购买的重要影响因素。在购买过程中，东部地区的受访者比中西部地区的受访者更倾向于选购节能家电。此外，房屋面积是节能空调的影响因素之一。一般来说，大房间的居民更愿意选择节能空调，因为房屋面积大的空调会导致更高的电费，因此居民购买节能空调的动机更大。然而，房屋面积并不是购买节能洗衣机的影响因素之一，因为洗衣机的能耗与房屋面积关系不大。因此，需要进一步提升中西部地区居民对能效标识制度以及补贴制度的认识，促进能效标识信息公开，引导中西部地区居民采取低碳消费行为。

二、市场激励型法律机制评估：
以阶梯电价制度为视角

我国居民阶梯电价制度作为当前电力体制改革进程中的重要经济激励法律机制，于 2012 年 7 月 1 日起在全国 29 个省份开始全面实行。阶梯电价制度对于提高居民电力资源的利用效率以及引导居民节约用电进而降低二氧化碳排放意义重大。本节梳理我国阶梯电价制度的实施现状，根据拉姆齐定价法经济学理论对阶梯电价制度进行分析。在此基础上，从阶梯电价制度以及阶梯电价制度认知两方面分析这一政策的实施能否促进居民节约用电与合理用电，进而促进居民二氧化碳减排目标的实现。

（一）问题与假设的提出

我国是全球最大的碳排放国，从居民需求侧减少用电浪费和减少碳排放是缓解能源和气候问题的重要途径。尽管我国居民用电量只占全国用电量的很小一部分，但在过去几十年中，用电量却大幅增加。根据国家统计局 2020 年能源年鉴报告，我国居民用电量从 1990 年的 480 亿千瓦时提高到 2018 年的 10058 亿千瓦时。随着居民收入的快速增长和城市化进程的不断推进，居民生活质量进一步提升，家用电器数量不断增加，因此，我国居民的电力需求预计将进一步增加，居民生活用电也随之增加。越来越多的证据表明，我国居民领域的节电减排潜力巨大（Dai 等，2012；Khanna 等，2016）[258,139]。Hu 等（2013）[259] 利用基准情景预测了我国居民的用电量，得出预计到 2030 年，电力消耗量将达到 2129 太瓦时。然而，面对日益增长的居民用电需求，我国电价机制长期存在价格结构不合理、交叉补贴严重等问题（Wang 等，2017）[260]。为解决这些问题，我国政府实施了居民阶梯电价制度，以住宅为单位按照城乡居民的用电量分段定价，电价随居民用电量增加呈阶梯式递增的电价机制。这种定价机制遵循"多耗能，多付费"的原则，以推进居民电力价格改革，引导居民合理节约用电，逐步减少交叉补贴问题，同时运用价格杠杆促进居民领域的节能减排（Schoengold 和 Zilberman，2014）[261]。研究表明阶梯电价制度对节约用电、降低二氧化碳排放、缓解气候变化具有重要意义（Du 等，2015）[135]。

2004 年开始，我国先后在浙江、福建、四川 3 省试行阶梯电价制度。浙江省于 2004 年 8 月正式实施阶梯电价制度，同年 10 月福建省开始实行居民阶梯电价制度。2006 年 7 月，四川省在全省范围内实施阶梯电价制度。3 个省份都以居民的月用电量为周期划分成若干个档次，第一档电价维持原先电价标准，其他档的用电价格在第一档电价的基础上依次递增，但各个省份在电量分档和电力价格加价标准上有所差异。2009 年，国家发展改革委起草了《关于加快推进电价改革的若干意见（征求意见稿）》，首次提出推行居民生活用电阶梯式递增电价；2010 年，国家发展改革委正式发布了《关于居民生活用电实行阶梯电价的指导意见（征求意见稿）》，提出分档电量与电价，即将"一户一表"的城乡居民每月用电量划分为三档，电价根据用电量实行分档递增。

为进一步推行居民阶梯电价制度以建设资源节约型社会，2011 年，国家发展改革委发布了《关于居民生活用电试行阶梯电价的指导意见》（以下简称《意见》），明确了居民阶梯电价的电量分档和电价确定原则，为各地制定居民阶梯电价实施方案提供了总体框架。《意见》建议将居民每月用电量按照基本、正常、较高生活质量用电需求划分为三档：其中第一档电价维持原先较低的电价标准，原则上覆盖 80% 的居民用电；第二档电价在第一档电价的基础上进行提价，建议覆盖 95% 的居民用电，提价标准在第一档电价的基础上不低于 0.05 元/千瓦时；第三档用电价格在体现资源及环境成本的基础上进行提价，在二档起步阶段电价基础上提价标准为 0.30 元/千瓦时。在《意见》的基础上，鉴于各地区居民收入与电力消费习惯有所不同，各省因地制宜根据本省的实际情况制定阶梯电价实施方案。2012 年 7 月 1 日起除新疆、西藏以及港澳台外的全国 29 个省、自治区、直辖市陆续出台了各地的阶梯电价实施方案，全面实行阶梯电价制度。与之前的单一电价政策相比，居民阶梯电价制度中的第一档电价保障了低收入家庭的生活用电需求，累进的阶梯电价培养了居民的节电意识，引导居民合理用电，兼顾了经济效率与社会公平，具有诸多优势。

为更好运用价格杠杆引导居民节约用能，2013 年底，国家发展改革委出台了《关于完善居民阶梯电价制度的通知》，大范围推行峰谷电价政策，要求在 2015 年底前，尚未出台峰谷电价政策的地区出台相关政策，由居民用户选择执行。国家发展改革委规定各地区阶梯电价实施方案由地方政府根据地区的经济发展水平和能源需求自主确定。

阶梯电价制度是一项基于价格的需求响应计划，旨在通过需求侧管理优化电力消费行为并减少用电。我国居民阶梯电价制度的实施是否抑制居民领域用电量的增长，提升居民的节约用电意识，引导居民节约用电与合理用电，实现居民领域的节能目的，进而促进居民二氧化碳减排目标的实现，一些学者和居民对此存在质疑。因此，评估阶梯电价制度的科学性和有效性以及如何优化阶梯电价制度对于推进深化电力体制改革与引导居民合理用电和减少二氧化碳排放是十分有意义的。

拉姆齐定价法又称"次最优定价"，指依据需求价格弹性而定的三级价格歧视。需求弹性较低即对价格变化反应较小的用户制定距离边际成本较远的价格，用来补偿固定成本，追求盈亏平衡约束下的社会福利最大化。

1. 基于拉姆齐定价法的阶梯电价制度

阶梯电价在保证居民基本用电需求的基础上，对用电量大的居民征收更高的电费。低收入居民用电量低于高收入居民用电量，高收入群体将为过高的用电量多交电费。阶梯电价制度保证了低收入居民的基本用电需求不受政策影响，同时通过价格工具引导高收入群体摒弃粗放的用电习惯。阶梯电价制度的定价原则是拉姆齐的定价法，遵循逆弹性原则。拉姆齐定价公式如下：

$$\frac{P_i - MC_i}{P_i} = \frac{\lambda}{1+\lambda} \times \frac{1}{\xi_i} \tag{4-6}$$

其中，P_i 表示电价；MC_i 表示电力供应的边际成本；ξ_i 表示用户 i 对电价的需求弹性；λ 表示拉格朗日乘数；$\lambda/(1+\lambda)$ 表示由居民收入所决定的拉姆齐系数。价格指数 P_i 与需求弹性成 ξ_i 反比，即逆弹性法则。

根据拉姆齐的定价策略，进行电力定价时需要考虑居民的价格需求弹性，遵循电价与需求弹性成反比，因此对于需求弹性较低的居民，征收较高的电价，而对于需求弹性较高的居民，征收较低的电价。收入水平较高的居民，家中的电器相对较多，用电频率较高，因此是居民电力消费的主要群体，需求价格弹性相对较低。阶梯电价制度通过对高收入群体征收较高的电价弥补低收入群体征收较低电价带来的亏损，进而实现收支平衡。

基于上述的理论，学术界对于居民阶梯电价制度进行了相关的研究。孙传旺（2014）[122]、Sun（2015）[123]、Farrell 和 Lyons（2015）[124]、俞秀梅和王敏（2020）[125] 研究发现，通过阶梯电价制度引导居民合理用电与节约用电，既可以实现公平目标，又可以保障社会福利。但是不少研究人员对于阶梯电价制度能够引导居民节约用电持保留态度，如牛文琪和史安娜（2013）[134] 发现居民阶梯电价制度对于引导居民节约用电的效果不明显；Du 等（2015）[135]，吴立军和张明（2015）[137]，Khanna 等（2016）[139]，刘思强等（2017）[140] 进行实证分析得出居民阶梯电价制度的节能效果十分有限。鉴于研究结果的多样性，有必要研究阶梯电价制度是否能对我国居民节约用电产生积极影响。据此，提出研究假设如下：

假设4：阶梯电价制度对居民合理用电有显著正向影响。

2. 基于行为经济学理论的阶梯电价制度认知

Murata 等（2008）[262] 估计，我国居民的用电量可减少28%。不合理的消费行为是造成电力浪费的一个重要原因（Zhou 和 Yang，2016）[263]。根据传统经济学消费者是理性经济人的假设，每个人都追求以最小的经济成本获得最大的经济利益。但是行为经济学的有限理性假说指出，传统经济学中的理性人假说存在严重缺陷。人们在权衡现在和未来之间的利益时，倾向于偏爱现在的利益（Thaler 和 Sunstein，2008）[237]。在传统的成本收益中，使用的贴现率本质上是"指数"的，即贴现率是恒定的，并且与时间范围无关，即无论任何时候，相对于之后的日期，个体在任何更早的日期对幸福的相对偏好是相同的（O'Donogue 和 Rabin，1999）[264]。然而，大量的实验证据表明，个体在一段时间内用来评估收益和成本的贴现率并不是指数型的，而是双曲型的。个人对近期受益的项目给予较高的贴现率，对远期受益的项目给予较低的贴现率。换言之，这种偏好被认为是"现状偏见"（Gintis，2000）[193]。在人们认知有限、缺乏控制的前提下，居民在能源消费以及能耗行为习惯中会产生一系列非理性的行为而导致次优结果。因此，有必要设计一种机制，帮助人们克服这一弱点。基于价格的需求响应是缓解居民不合理用电行为的有效途径，阶梯电价制度就是一种基于价格的需求响应策略，旨在通过价格工具引导居民科学合理用电（Aalami 等，2010）[265]。居民对于阶梯电价制度的了解可以改变其固有的用电模式，进而在日常生活中培养良好的节约用电习惯，降低二氧化碳的排放。居民对阶梯电价制度的接受程度直接关系到阶梯电价制度实施的可能性（Fiorio 和 Florio，2011）[266]。Ek 和 Söderholm（2010）[15] 的研究表明，居民对环境的认知影响居民的电力能源消费行为。据此，提出研究假设如下：

假设 5：居民对于阶梯电价制度的认知对于其合理用电有显著正向影响。

行为经济学颠覆了以古典经济学为主流的传统经济学研究范式，提出除经济因素外，感知、内在动机和态度等非经济因素也是影响居民用能决策的主要因素，居民的用能行为是居民自身特征和所处环境共同作用的结果。因此，在研究居民能源消费以及政策制定的过程中，需要进一步探讨居民的异质性对阶梯电价制度的认知是否存在差异，探索影响居民阶梯电价制度接受的驱动因素和阻碍因素。Yu 和 Guo（2016）[267] 考察了我国农村家庭的节电潜力，发现农村居民节电潜力不受阶梯电价的影响，而是受信息反馈和社会人口特征的影响。Du 等（2015）[135] 比较了我国实施阶梯电价制度前后的居民用电数据，发现能源价格、家庭收入、人口属性对居民用电有显著影响。Zou 和 Luo（2019）[268] 估计了农村家庭能源消费的决定因素。结果表明，居民的健康状况、年龄、工作类型、教育程度、家庭规模和经济条件等特征是影响居民能源消费的重要因素。据此，提出研究假设如下：

假设 6：个人和家庭的异质性导致居民对阶梯电价制度的认知存在差异。

基于以上分析发现，大部分相关文献集中分析阶梯电价制度实施效果的单一政策目标，而从多个角度共同评估阶梯电价制度的相关文献较少。此外，现有研究成果大多关注如何优化阶梯定价机制的结构设计，而对居民对于阶梯电价制度的认知以及政策效果评估关注度不够。因此，本部分将从三个角度评估居民阶梯电价制度的实施效果，有助于弥补现有研究的不足。

（二）研究设计

1. 模型设定

为验证假设 4，采用断点回归模型来研究阶梯电价制度对于居民节约用电的引导作用。断点回归的基本思想是存在一个连续变量能够决定居民在个体层面面临某一临界点两侧接受政策干预的概率，由于分组变量在该临界点两侧是连续的，因此不存在人为操控使得个体落入某一侧的概率更大，个体针对自变量的取值位于该临界点哪一侧是随机发生的。断点回归模型最初用于研究处理效应，从 20 世纪 90 年代开始成为因果分析以及政策评估领域的重要理论方法。断点回归作为一种具有内在有效性的准自然实验模型，可以有效地避免实证过程中参数估计的内生性问题，分析现实约束下居民电价改革对于居民用电需求的影响（Olmstead，2009；Wichman，2014）[269,270]。居民阶梯电价制度由国家发展改革委颁布在全国范围内统一实行，全国 29 个省份居民生活用电量受到阶梯电价制度实施影响的概率从 0 跳跃到 1。因此，该研究适用于精确断点回归，阶梯电价制度旨在通过改变居民不合理的用电行为来缓解电力供应压力。根据阶梯电价制度导致电力消费产生一个临界点，断点回归模型如下：

$$D_i = \begin{cases} 1 & y_i \geq 0 \\ 0 & y_i < 0 \end{cases} \tag{4-7}$$

$$\ln elc_i = \alpha + \beta \times D_i + \gamma \times Z'_{it} + \varepsilon_i \tag{4-8}$$

其中，$\ln elc_i$ 表示结果变量，该变量指 26 个省份居民生活用电量的对数；D_i 表示处理变量，表示国家实施的阶梯电价制度，系数 β 表示居民阶梯电价制度实施效应；Z'_{it} 表示协变量的集合；y_i 表示分配变量，指标准化年份；ε_i 表示随机扰动项。由于断点回归可以看作是局部随机试验，是否加入协变量并不影响估计的一致性，节电效应是居民节电行为的充分条件，因此，利用节电效应来估计居民的节电行为。

为验证假设 5，构建回归统计模型研究居民节能行为的影响因素，关注阶梯电价制度的认知是否会影响居民的节能行为，如下：

$$behave_i = \alpha + \beta_1 policy_i + \beta_2 age_i + \beta_3 gender_i + \beta_4 education_i + \beta_5 population_i +$$

$$\beta_6 income_i + \beta_7 area_i + \beta_8 residence_i + \beta_9 location_i + \varepsilon_i \qquad (4-9)$$

该模型的因变量为居民的节能行为 $behave$，其值越高，节电行为水平越高。居民的节能行为主要考虑两方面因素：第一，居民是否购买节电产品，选取居民是否购买节能空调、洗衣机、电视机作为考量标准；第二，居民的节电行为，选取当家用电器不再使用时居民是否会切断电源来衡量居民的节电行为。居民对电价制度的了解可以提升其对制度的感知和认同感，更好地理解制度实施目标，进而促使居民选择节能的电力消费方式，实现预期的政策目标（孙传旺，2014）[122]。

假设 5 中的自变量首先考虑居民对于阶梯电价制度的了解程度，城乡居民对阶梯电价制度的知晓度，作为居民阶梯电价制度推行情况的重要指标。$policy$ 代表政策认知值越高，政策认知水平就越高。本书阶梯电价制度知晓度主要包括三方面：第一，阶梯电价制度具体细则的认知，具体而言，各档电量的分界点、各档电量的计算周期、各档电量的加价标准。如果居民不知道具体细则，取 0。知道其中一项，取 1，将总数进行计算汇总得出城乡居民对阶梯电价制度的认知水平。第二，居民是否收到阶梯电价通知信息（邮件通知/书面告知/短信告知）。收到取 1，否则取 0。第三，居民是否了解峰谷分时电价（TOU）。

其次人口统计学特征包括年龄、性别、教育水平、户籍、居民所在区域、家庭人口、居住面积和收入水平。age 代表居民的实际年龄。$gender$ 表示性别，1 表示男性，0 表示女性。$education$ 代表教育水平，数值越高，教育水平越高。$population$ 表示家庭的常住人口数。$income$ 代表个人收入，数值越高，个人收入水平越高。$area$ 为家庭居住面积。$residence$ 表示户籍所在地，1 表示城市，0 表示农村。$location$ 表示居民所在的区域，1 为东部，2 为中部，3 为西部。i 代表第 i 个居民，系数 β 表示被估计参数，ε_i 表示随机扰动项。大量研究表明以上人口统计学特征会对居民用电需求产生一定的影响（Wiesmann 等，2011；Zhou 和 Teng，2013；Sun，2015；Zou 和 Luo，

2019)[271,272,123,268]。因此，将这些特征作为影响居民节电行为的因素。

为了验证假设6，构建离散选择模型探讨居民异质性对于阶梯电价制度认知的差异，居民的政策认知情况是因变量，将居民对阶梯电价的了解程度分为两类，了解阶梯电价制度的居民取1，否则取0。基于因变量是定性的，采取离散选择模型进行实证分析。利用离散选择模型来评估居民异质性对于阶梯电价的认知，可以更好地引导居民进行节约用能（Wang等，2011）[273]。具体而言，使用Logistic逻辑回归模型，如下：

$$P_j = F\left(\beta_0 + \sum_{i=1}^{m} \beta_i x_{ij}\right) + u = \frac{1}{\left\{1 + \exp\left[-\left(\beta_0 + \sum_{i=1}^{m} \beta_i x_{ij}\right)\right]\right\}} + u$$

$$(4-10)$$

$$\ln \frac{P_j}{1 - P_j} = \beta_0 + \sum_{i=1}^{m} \beta_i x_j \qquad (4-11)$$

其中，P_j 表示了解阶梯电价制度的概率。x_{ij} 表示第 i 个样本的第 j 个解释变量。β_i 表示解释变量的系数。m 表示解释变量的个数。β_0 表示截距项。u 表示随机误差项。

在这项研究中，因变量 y 表示对于阶梯电价制度的了解（1＝知道，0＝不知道）。根据研究目的以及已有文献（许晓冰等，2019；孙传旺，2014）[274,122]，选取自变量 x_j，包括性别、年龄、户籍、所在地区、教育水平、房屋面积、收入、居民数量、电费、节电行为以及对于峰谷电价政策的了解。

$$y = F(x_1, x_2, x_3, \cdots, x_j) \qquad (4-12)$$

2. 数据说明

假设4采用断点回归对于阶梯电价制度的实施效果进行实证研究。通过各个省份的居民生活用电量的变化来考察阶梯电价制度对于居民合理用电的引导作用，并将人均可支配收入、人口规模以及居民电器拥有量作为控制变量。所有数据均来源于历年《中国统计年鉴》、《中国能源统计年鉴》以及各个省份的统计局官方网址的统计年鉴。

居民的电力消费（ele）：从 2004 年开始，我国先后在浙江、福建、四川 3 省试行阶梯电价制度。此外，2012 年 7 月 1 日，除新疆、西藏外，阶梯电价制度覆盖全国 29 个省份。因此，在检验假设 4 时，从 29 个省份中剔除 3 个实验省份，以保证结果的可靠性。如果 26 个省份的居民生活用电量具有较为明显的差异，出现显著断点，可以得出实施阶梯电价制度引起了居民用电量发生变化。以 1999~2019 年 26 个省份的居民生活用电量为样本，检验阶梯电价制度的实施效果，居民用电量数据来自我国国家统计局和 26 个省份历年的统计年鉴。

人均可支配收入（pcdi）：人均可支配收入是影响居民用电需求最重要的因素之一（Du 等，2015）[135]。总体而言，随着收入的增加，居民的用电需求也会随之增长。当居民的收入增加时，消费水平也会有明显的提高，加大了居民增加终端用能产品数量的意愿，居民通过购买更多的终端用能产品来提高家庭的生活质量，或者在保持现有终端用能产品数量的情况下，增加终端用能产品的时长和使用频率以提升家庭的生活水平，导致居民用电需求的增长。相反，居民收入水平降低时，居民往往通过降低电器使用率等节约用电的生活方式来节省电费支出，保障基本的生活需求。

人口规模（pop）：人口规模对于居民的用电需求会有直接影响，由于各个省份人口规模相差很大，因此会影响各个省份的居民生活用电需求，所以将各个省份的人口规模作为重要控制变量引入到模型中。陈晶和张真（2015）[275] 的研究表明人口规模是家庭用电量的显著影响因素。因此，基本假设为人口规模居民的生活用电需求产生正向影响。居民用电需求会随着人口规模的扩大而增加，人口规模较大的省份，居民的生活用电需求也会随之增加。

居民电器拥有量（appliances）。家用电器的数量是居民生活电力支出的重要影响因素，其中包括空调、电冰箱、洗衣机和彩色电视机等。居民家中的电器等终端用能产品的数量越多，使用时间越长，频率越高，居民家中的用电需求也就越大。选择居民耐用消费品中的洗衣机、彩色电视机和空调器以及电冰箱作为控制变量。

假设4根据上述所选取的变量，对1999~2019年26个省份的面板数据进行收集与整理，表4-8给出了本部分主要数据的描述性统计分析。从中可以得出，全国居民最高用电量与最低用电量之间差距较大，说明全国各个省份居民生活用电需求差异较大。分析居民人均可支配收入这一变量可以得出，居民人均可支配收入的最大值是最小值的17倍，说明全国各个省份居民贫富差距相对较大。全国26个省份人口规模也在逐年增大，不同省份的人口规模差异较大。随着人口规模的不断扩大，居民家庭中的电器数量也在不断增加。

表4-8　主要数据描述性统计分析

变量	变量描述	均值	标准差	最小值	最大值
ele	居民用电量	1417.69	1313.103	38.37	6695.85
lnele	居民用电量对数	6.871	0.923	3.647	8.809
pop	人口规模	4786.11	2700.2	762	11521
lnpop	人口规模对数	8.289	0.653	6.636	9.352
pcdi	人均可支配收入	12941.93	8480.174	2916.265	51388.45
lnpcdi	人均可支配收入对数	9.250	0.678	7.978	10.847
tel	电视机数量	111.374	37.275	60.79	586.3
washing	洗衣机数量	79.975	40.615	30.1	532.7
conditioner	空调数量	54.744	53.252	0.165	624.25
fridge	电冰箱数量	73.11	39.59	26.37	565.25
appliances	居民电器拥有量	319.203	113.120	140.585	947.25
lnapp	居民电器拥有量对数	5.712	0.322	4.946	6.854

假设5与假设6中居民异质性实证研究的微观数据源于2015年我国综合社会调查（CGSS）。CGSS自2003年起定期开展，由中国人民大学国家调查研究中心和香港科技大学调查研究中心共同开展。2015年我国综合社会调查覆盖了我国22个省、4个自治区、4个直辖市的478个村。通过多步分层随机抽样，共抽取10968户，提供了住户的社会经济情况、人口特征等详细信息，具有较强的代表性。此外，2015年我国社会调查中能源模

块的家庭有 3653 户，调查研究主要包括 8 个方面：家庭特征、住房特征、户型特征、家用电器、住房供暖和制冷、私人交通模式、电费信息和能源获取和消费，剔除数据缺失的样本，最终的样本为 829。为了保证研究数据的合理性，将研究中的基本描述性统计数据与国家统计局的统计数据进行比较，研究样本中的女性与男性占比分别为 45.79% 和 54.21%，性别分布与国家统计局性别分布（女性与男性占比分别为 48.78% 和 51.22%）基本吻合。此外，本次调查的平均家庭规模（每户 3.0 人）与统计年鉴（每户 3.1 人）相似，表明调查样本是相对可靠的。假设 5 与假设 6 中的自变量描述如表 4-9 所示、统计分析如表 4-10 所示。

表 4-9　电价制度样本家庭变量描述

变量	变量描述	问题	描述统计
location	所属区域	您所在的城市	东部＝1，中部＝2，西部＝3
gender	性别	您的性别	男＝1，女＝0
age	年龄	您的出生日期	连续性数据
income	收入	您全年的总收入	高于平均水平＝1，平均水平＝2，低于平均水平＝3
education	教育水平	您的最高教育程度	小学＝1，初中＝2，高中＝3，大专院校＝4，研究生＝5
residence	户籍	您的户口登记状况	城镇居民＝1，农村人口＝0
population	家庭人口数量	您家里一共有几口人	连续性数据
living area	房屋面积	您住房的建筑面积	连续性数据
behavior	居民的节能行为	您家家电（空调、洗衣机、电视机）是否有能效标识？关闭电器的方式为（待机、关闭电器开关、关闭电器并拔掉插头）	连续型数据
electricity	电力消费	您家每月的用电度数	连续性数据
policy	阶梯电价制度	您是否了解阶梯电价制度（阶梯电价制度细则，阶梯电价通知以及峰谷电价）	连续性数据
tou	峰谷电价政策	您是否知道分时段计价政策	知道＝1，不知道＝0

表 4-10 变量描述性统计分析

变量	均值	标准差	最小值	最大值
age	47. 8317	16. 31985	17	92
gender	0. 45793	0. 4985	0	1
education	2. 5925	1. 1181	1	5
residence	0. 8101	0. 3925	0	1
location	1. 4111	0. 6043	1	3
living area	119. 3582	86. 7185	12	900
income	1. 8834	0. 6144	1	3
population	2. 9856	1. 3639	1	13
saving	10. 8697	5. 0969	2	22
electricity	186. 3982	190. 986	4	3000
lnelectricity	4. 9564	0. 7280	1. 3863	8. 0064
policy	4. 6671	3. 7305	0	14
tou	0. 375	0. 4844	0	1

（三） 实证结果

阶梯电价制度能否改变人们的非理性行为，促使人们节约用电是本部分研究的主要问题。由于阶梯电价制度主要是针对高用电量居民收取更高的电价，高收入居民用电量高，用电需求弹性低。针对假设 4。图 4-5 中的 （a）、（b）、（c） 分别显示了基于最优带宽的一半、最优带宽以及最优带宽两倍的断点回归分析结果，图 4-5 中的 （d） 是相关性测试的结果。根据图 4-5，基于最优带宽的一半、最优带宽以及最优带宽的两倍，阶梯电价制度实施前后居民的用电量无明显变化，相关性分析的结果表明估计值对带宽的依赖性较弱，结果具有稳健性。

此外，根据断点回归的结果可以得出（见表 4-11），在未添加协变量的情况下，3 种带宽的局部 Wald 估计量分别为 −0.057、−0.055 与 −0.029，估计量不显著。在添加协变量的情况下，不同带宽下回归结果系数分别为−0.094、−0.061 与 −0.072，未通过显著性检验，实证结果表明阶梯电价制度并不能纠正居民不合理的用电行为，节约能源的效果有限。

这与 Khanna 等（2016）[139] 和 Sun（2015）[123] 的研究结果一致，认为居民阶梯电价制度并未产生预期的节电效果，需要进一步完善阶梯电价制度，以激发其节电潜力。

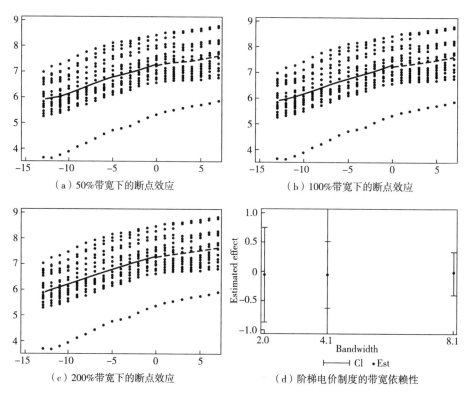

（a）50%带宽下的断点效应　　　　　（b）100%带宽下的断点效应

（c）200%带宽下的断点效应　　　　　（d）阶梯电价制度的带宽依赖性

图 4-5　三种带宽的断点回归分析结果及相关性测试结果

表 4-11　RD 估计回归结果

带宽	模型（1）	模型（2）
lwald	−0.057 （0.846）	−0.094 （0.440）
lwald50	−0.055 （0.895）	−0.061 （0.718）
lwald200	−0.029 （0.875）	−0.072 （0.368）

林伯强等（2009）[276]的调查显示，高收入居民占全国总人口的27.0%，其电力消费占全国电力消费的45.9%，高收入居民用电需求较大，具有较大的节能空间，但是高收入居民电力消费需求具有价格弹性低的特点。因此，阶梯电价制度对于高收入居民用电需求的影响较小。低收入居民占全国总人口的48.5%，其用电量占全国的29.6%。虽然低收入居民的需求价格弹性很高，但他们的节电潜力有限，大部分用电量处于第一档。中等收入居民占全国总人口的24.5%，其用电量占全国的24.5%，阶梯电价设置不合理导致阶梯电价制度对于中等收入居民用电行为影响不明显。同时，经济与社会的发展进步促使城乡居民可支配收入不断提升，城乡居民收入水平的快速增长直接影响了电价对于居民生活用电量的抑制作用。人们生活水平的不断提高以及各个省份人口数量的不断增长，带来家具电器数量、使用频率和使用时长的增加，也会进一步使居民用电需求迅速增加。

此外，居民对于阶梯电价制度的不熟悉也是造成阶梯电价制度引导作用有限的重要原因。本书研究结果表明，我国仍有48.8%的居民并不知晓该制度，尤其是对制度细则的知晓度普遍不高。居民只有充分了解阶梯电价制度，才能正确认知阶梯电价改革的意义，也才能在日常生活中根据电价以及节能意识调整自己的用能行为，从而实现阶梯电价的政策效应。

基于拉姆齐定价法的阶梯电价制度不能有效地改变居民非理性的用电行为，居民对于阶梯电价制度的不了解是其中的重要原因。因此，为了探讨阶梯电价制度的认知是否可以引导居民节约能源，以此弥补价格工具的不足，下面基于回归方法研究阶梯电价制度认知的构建是否能够纠正居民非理性的用电行为。

根据表4-12，政策认知系数（policy）显著为正。与对阶梯电价制度不了解的居民相比，熟悉阶梯电价制度的居民更容易在生活中节约用电，因此，假设5被证明是正确的。居民将当前的损益与未来的损益进行权衡时，往往会产生不理性的用电行为，这是一种无法控制的行为。由于损失厌恶和禀赋效应，行为人在某种程度上是安于现状的，即使改变现状更有利,行为人也倾向于保持事物不变,这种现象称为现状偏见。现状偏见会导致人们固守旧的用电习惯,避免发生改变。阶梯电价制度未能纠正居民固有的用电行为,但政策认知的建构可以纠正居民不合理的用电行为。

表 4-12　阶梯电价制度认知对于居民节能效果回归分析结果

变量	Coef.	Std. Err.	t	P>丨t丨
policy	0.0968	0.0506	2.69	0.006
age	0.0342	0.0098	3.49	0.001
gender	−0.1036	0.3712	−0.28	0.780
education	1.0262	0.1716	5.98	0.000
residence	0.9036	0.5096	1.77	0.077
location	0.7769	0.2976	2.61	0.009
living area	0.0033	0.0023	1.45	0.147
income	1.0709	0.2909	2.68	0.008
population	0.5798	0.1289	2.73	0.006

　　究其原因,根据动机理论,人的行为是由外部动机和内部动机共同驱动的。外部动机是指个体在外部压力下产生的动机。阶梯电价制度旨在通过外部经济压力促使居民产生节能动机,从而改变居民的用电行为。内部动机是指由个体的内在需要引起的动机,政策认知的构建可以帮助居民认识到阶梯电价制度的价值,激发内部动机,产生节电行为。内部动机比外部动机更持久、稳定,进一步说明了阶梯电价制度认知的构建可以改变居民不合理的用电行为。Ek 和 Söderholm (2010)[15] 发现,居民认知的构建有助于产生环境友好型行为,这在一定程度上支持了本书研究结果的可靠性。因此,有必要构建对阶梯电价制度的认知以改变居民不合理的用电行为,挖掘其节电潜力。此外,根据行为经济学理论,居民个体的行为受到感知、内在动机以及态度等多种因素的影响,居民异质性的识别对于阶梯电价制度认知的有效建构具有重要意义。

　　在分析了阶梯电价制度认知的影响因素后,还要分析其他控制变量。

从图 4-6 可以看出，年长的居民更加关注节能，在日常生活中更容易科学、合理地用电。受教育水平越高的居民，越容易产生节电行为。此外，人口规模较大的家庭较多实施节能行为，这是由于人口数量较多的家庭用能支出相对较多，因此更加关注家庭的电力消耗。收入水平较高的家庭更加注重节能行为，这是因为居民节能行为主要考虑节能电器的购买以及日常的节能行为，节能家电的价格较高，对于低收入的群体压力较大，因此，高收入的居民更容易有节电行为。与东部地区相比，西部地区的居民更注重节能行为。而性别、户籍以及住房面积对于居民节约用电的效应不显著。

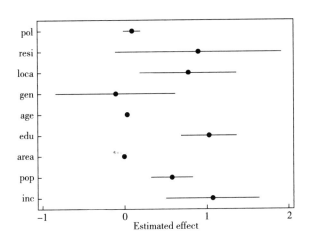

图 4-6　阶梯电价制度的认知对于节能效果的影响

假设 6 探讨了家庭特征因素和节能态度对于阶梯电价制度认知的影响，为保证检验结果的稳健性，同时选用 Logit 和 Probit 模型进行回归。回归分析结果如表 4-13 所示，研究发现，年龄越大的居民越有可能对阶梯电价制度产生节能反馈。教育水平越高的居民越能理解阶梯电价的政策意图，并在生活中选择节电行为，教育水平每增加 1 单位，对于阶梯电价制度认知的概率将提高 5%。此外，用电量较多家庭对阶梯电价制度有更多的了解。在节能态度方面，使用节能电器以及选择更节能生活方式的居民更多关注阶梯电价制度，居民的节能态度每增加1单位，对阶梯电价制度认知将增加36%。在政策认知方面，对于峰谷电价了解的家庭更倾向于关注阶梯电价制度。

表4-13　居民对于阶梯电价制度认知的回归分析结果

变量	Logit 模型			Probit 模型		
	系数	Z 值	边际效应	系数	Z 值	边际效应
age	0.6921***	2.78	0.1713	0.4073***	2.75	0.1623
gender	0.1081	0.67	0.0270	0.0554	0.57	0.0220
education	0.2299***	2.64	0.0574	0.1368***	2.66	0.0545
residence	0.3572	1.55	0.0891	0.0555	0.57	0.0814
location	−0.0728	−0.51	−0.0182	−0.0448	−0.52	−0.01783
living area	−0.0460	−0.30	−0.0114	−0.0285	−0.31	−0.0113
income	−0.1850	−1.37	−0.0462	−0.1100	−1.37	−0.0438
family size	0.1254*	1.92	0.0313	0.0731*	1.89	0.0291
saving	1.4581***	2.79	0.3643	0.9039***	2.80	0.3604
electricity	0.3209***	2.73	0.0842	0.2002***	2.86	0.0798
tou	1.9528***	10.82	0.4421	1.1790***	11.20	0.4367
Pseudo R^2	0.1860			0.1855		
Log−likelihood	−467.56			−467.86		
样本数	829			829		

注：*、**、***分别表示在10%、5%和1%水平显著。

为了避免研究的估计失真，对假设4中的变量进行多重共线性检验，如表4-14所示，最大VIF值为3.11，低于边界值10，可以认为该模型的自变量不存在多重共线性。对于假设4中的断点回归，通过对模型的稳健性进行检验以确保估计结果的可信度。本部分首先汇报了包含协变量与不包含协变量两种情形的回归结果，如表4-15所示，检验结果发现系数的方向以及显著性均未发生明显变化，表明实施阶梯电价制度没有显著影响居民生活电力消费，对于居民领域的节电效果有限。其次分别汇报了使用最优带宽、最优带宽的 1/2 以及最优带宽的两倍三种不同带宽下的回归结果，表明阶梯电价制度对于居民节约能源的引导效果有限，结论没有发生实质性变化，说明研究结果的稳健性。最后，检验模型的协变量在断点处是否连续。为此，检验了协变量居民人均可支配收入、各个省份人口规模以及居民电器拥有量在断点处的连续性，以保证回归结果的可信度。

表 4-14　假设 4 中变量多重共线性检验结果

Variable	lnpcdi	pop	washing	conditioner	fridge	tel	Mean VIF
VIF	3.11	3.00	2.04	1.69	1.48	1.21	1.99
1/VIF	0.3215	0.3328	0.4892	0.5916	0.6759	0.8291	

表 4-15　协变量连续性检验结果

变量	Coef.	Std. Err.	P>|z|
lnpcdi	0.001	0.250	1.000
lnpop	0.001	0.086	1.000
tel	−1.843	5.025	0.714
washing	−4.025	6.024	0.504
conditioner	−4.547	16.573	0.784
fridge	−5.103	4.832	0.291
lnapp	−0.045	0.073	0.537

如表 4-15 所示，居民阶梯电价制度对协变量居民人均可支配收入、各个省份人口规模以及居民电器拥有量的影响均不显著。断点回归模型在实证研究中需要满足：居民阶梯价格制度的实施是造成因变量居民生活电力消费在断点处产生跳跃的唯一影响因素，即对结果变量有一定影响的协变量原则上不应在断点处产生跳跃、不受处理效应的影响，此时推断未接受处理的结果变量是连续的、有意义的。如果断点回归模型中的协变量人均可支配收入、各个省份人口数量以及居民电器拥有量在断点处有跳跃，就无法确定是否由于阶梯电价制度而引起居民生活电力消费发生改变，产

生明显的跳跃。协变量的连续性检验结果表明，断点回归模型中的协变量在断点处均不存在明显的跳跃，处理效应均不显著，因而可以得出以上协变量呈连续变化，符合模型的平滑性检验。因此，断点回归结果具有一定的可信度。

为了避免研究的估计失真，对假设 5 中的变量进行了多重共线性检验，如表 4-16 所示，最大 VIF 值为 1.49，可以认为该模型不存在多重共线性。

表 4-16　假设 5 中变量多重共线性检验结果

Variable	edu	age	resi	area	loca	pop	pol	inc	gen	Mean VIF
VIF	1.49	1.33	1.26	1.24	1.15	1.14	1.09	1.04	1.02	1.19
1/VIF	0.6731	0.7547	0.7914	0.8080	0.8713	0.8741	0.9216	0.9621	0.9760	

对于假设 6，首先采用了模型 Omibus Test 似然比进行检验。采用模型似然比检验对阶梯电价制度的有效性进行了分析，p 值小于 0.05 表明该模型是有效的。阶梯电价制度的检验结果 p 值为 0.000，说明该模型是有效的。Negelkerke R^2 取值越接近 1，说明方程的拟合优度越好。Negelkerke R^2 取值为 0.809，说明该模型预测准确率为 80.9%，意味着拟合优度较好。

其次在 Logistic 回归模型中采用了 Hosmer-Lemeshow 的拟合优度检验，证明根据模型得出的预测值与实际观测数据之间的差异是否显著（Hosmer 和 Lemesbow，1980）[257]。拟合优度检验确定观察到的阶梯电价制度零假设 H_0 是否与预测的比率匹配，然后返回 p 值。如果 p 值小于 0.05，则阶梯电价制度认知的预测值与观测值存在偏差，因此模型的拟合优度不好，应予以拒绝。阶梯电价制度认知检验的 p 值为 0.9935，Sig. > 显著性水平 0.05，因此模型拟合优度较好。

（四）结果与讨论

阶梯电价制度作为一种需求应对计划，旨在通过外部机制纠正不合理的用电行为。为了探讨阶梯电价制度对居民节能行为的引导作用，本书开展了一系列研究。结论如下：基于拉姆齐定价法的阶梯电价制度引导居民节约能源的效果有限，阶梯电价制度并不能明显降低用电量，无法纠正居民不合理的用电行为。阶梯电价的设定需要考虑阶梯数、每档电量的分界点和阶梯边际定价三方面。构建正确的政策认知，即提升居民对于阶梯电价制度的理解和认识可以有效纠正不合理的用电行为。利用离散变量模型考察了居民个体异质性对阶梯电价制度认知的微观影响因素，研究发现，阶梯电价制度的有效性取决于各种因素，收入越高的家庭对于阶梯电价制度认知度越高；人口越多、受教育程度越高的家庭对于阶梯电价制度了解程度越高；选择购置节能产品和注重节能行为的居民以及了解峰谷电价的家庭，对阶梯电价制度更为熟悉。节电知识越丰富，对于阶梯电价制度越关注，所以应加强居民日常节能低碳知识的宣传以及节能低碳家电的推广。

因此，应进一步优化阶梯电价结构，适当提高高档阶梯价格；加大对阶梯电价制度的宣传，提高居民对阶梯电价制度的理解和认识，促进居民节约能源以及二氧化碳减排；在构建阶梯电价制度认知的过程中，应考虑居民的个体异质性，有针对性地开展政策普及以及节能宣传，推广节能家电以及日常节能行为促进能效升级；进一步推进峰谷电价政策，促进阶梯电价制度以及峰谷电价政策的有效兼容。

三、引导与自愿参与型法律机制评估：以信息反馈为视角

在过去20年，居民用电量显著增加，因此，各国出台了一系列旨在减少居民能源消费的政策，其中，有关居民用能的信息反馈制度被认为是促进居民节约用能和降低二氧化碳排放经济的有效方法。如何通过引导与

自愿参与型的信息反馈制度引导居民主动进行节约能源成为需求侧管理以及实现我国二氧化碳减排的关键点。本节利用我国综合社会调查的微观调查数据，采用倾向得分匹配法，比较了向家庭发送电费账单与安装智能电表的信息反馈在促进居民节约能源方面的效果。本节的研究成果有助于政府及相关管理部门充分认识不同信息反馈制度在引导居民节能减排中的作用，从制度层面有针对性地优化和开发信息反馈制度，发掘信息反馈制度的潜力，从而更加有效地激励居民节约能源，践行节能低碳的生活方式。

（一）问题与假设的提出

居民能源消费是我国的第二大能源消费部门，2018年居民生活能源消费占据能源总量的 12.8%。考虑到直接的和间接的二氧化碳排放，居民生活能源碳排放量已经超过工业部门，成为全球气候变暖的主要因素（Qi 和 Li，2020）[277]。居民部门的二氧化碳减排对于我国碳中和目标的实现至关重要。我国的能源消费结构从煤炭向电力转变（Xie 等，2020）[278]。在过去的几十年，居民的用电量急剧增加，根据国家统计局数据，1990 年我国居民的用电量为 481 亿千瓦时，2018 年为 10058 亿千瓦时，年增长率为 11.47%。居民用电方面有着巨大的节能潜力，居民部门的节能减排成为当务之急，因此，居民部门完善的生活用电碳减排法律机制是缓解全球变暖的重要影响因素。

信息反馈法律制度是指向居民提供电力消费情况以及电费信息，进而促进居民能源的节约以及碳排放的降低。信息不对称是造成能源效率低下的主要原因，信息反馈制度解决了信息不对称问题，从而帮助居民克服认知或行为偏差，更好地做出合理的用能决策（Ratner 等，2008）[279]。大量研究表明向家庭提供有关用能信息有助于居民更好地控制其用电量（Fischer，2008；Darby，2006）[150,156]，这是因为居民实时用电，但通常收到电费账单才能了解自己的电力消费情况，电力消费与支付分离使得居民对于电力消费信息了解有限，产生了突出性问题，而信息反馈制度正好解决了这一问题（Gilbert 和 Zivin，2014）[280]。电力消费的第二个特点是电价政策通常很复杂，居民不完全了解电价政策或不知道如何优化电力消费（Ito，2014）[281]。Blasch 等（2017）[282] 研究发现，只有 56% 的家庭了解他们每月的能源消耗情况，只有 27% 的家庭了解电力的价格。本书的调查研究结果显示，在我国仍有 48.8% 的居民不知道阶梯电价制度，并且对阶梯电价制度细则的了解程度普遍不高。此外，电力消费通常仅占家庭预算的小部分，因而居民不愿意投入过多精力获取电力消费价格的信息。因此，提供更多的信息反馈将提高居民的节约用电意识，帮助用户了解电价政策以及电力消费的具体信息。在基于信息反馈的法律制度中，电费账单被认为是激励居民节约用能的低成本策略，受到了很多学者的关注（Henryson 等，2000）[158]。电力信息反馈的另一有效策略是安装智能电表，该信息反馈策略通过能源基础设施的进步向居民提供能源消费信息，进而引导居民节约用能。信息反馈可以激励人们提高对能源消耗水平的认知，促进居民能源节约，实现居民侧二氧化碳减排。

政策制定者越来越多地将信息反馈作为法律制度，引导人们节约能源。自 2006 年 4 月起，欧盟发布了《终端效率和能源服务指令（2006/32/EC）》要求成员国提供信息反馈，其中包括安装智能电表、提供电费账单、向居民提供电费的历史和规范比较以及提高终端能源使用效率的建议。丹麦规定了向居民提供电费账单的法律义务，要求账单中包括居民用电信息的历史性和规范性比较以及居民电力消耗造成的环境影响。瑞典是欧洲第一个大规模安装智能电表的国家，并颁布法令，要求从 2009 年 7 月起，为所有居民提供智能电表的每月电费账单（Fischer，2008）[150]。同样，美国政府在 2009 年拨款 40 多亿美元安装智能电表，同时鼓励公用事业公司向居民提供其能源消费信息（Chopra，2011）[283]。我国政府认识到信息反馈策略对居民节电的重要意义，通过安装家庭用电显示器、智能电表等措施引导居民节能环保理念的形成与节约用能习惯的养成，促进居民践行绿色低碳的生活方式，但我国并没有针对居民设计合理的具体信息反馈政策措施（Du 等，2017）[284]。

行为经济学认为居民在不确定的决策中会产生注意力偏差，这是由于注意力是认知中的稀缺资源，人的注意力是有限的，因此在处理多项信息时必须分配其有限的注意力，这往往导致有限注意力偏差（Kahneman，2003）[90]。基于有限注意力偏差理论，一些简单、突出、易于传递的信息更容易被消费者接受。个体更容易被自己所看到或者听到的东西影响，提供节能信息和能耗反馈可以使居民快速获得自己的能源消费情况，进而改变能源消费行为。居民电力市场存在信息不对称问题，电费账单以及智能电表等信息反馈工具可为居民提供能源信息，解决信息不对称问题，同时促使居民关注自己的能源使用情况，从而调整自己的用能行为。此外，对于现在以及未来能源消费的不确定性会影响居民的能源消费行为，信息反馈法律制度可以降低居民对于能源消费的不确定性。此外，行为经济学可得性偏差是指人们根据认知的易得性做出判断或进行决策，即人们在决策过程中赋予快速得到的信息或容易记忆的信息更多的权重，而不去忽略关注其他更多的信息（Schubert 和 Stadelmann，2015）[247]。信息反馈可以使居民能够迅速获得自己的能源信息，并根据所获得的能源消耗情况作出有利于自己的消费决策。

行为经济学认为提高能源使用效率的另外一种方式就是运用社会规范影响人们节约能源的行为。其中最突出的是采用社会比较来减少电力的消耗，社会比较解决了居民对自己消费行为的偏见。例如，高能耗居民可以通过社会比较来纠正其不合理的能源消费。国内学者也得出相同的结论，社会比较是通过与他人对比来评价自身的行为以获得行为标准，是居民日常生活中非常普遍的现象，影响个体的自我评价、情感和行为，社会比较对居民的环保行为有显著的交互作用（景文敏和毕珍，2017）[285]。通过电费账单提供居民的平均用水量和用电量以及为居民提供实时能源价格和能源消费量，如通过家庭用电显示器和智能电表提供实时能源使用信息，可以促进居民节约能耗（List 和 Price，2016）[286]。

很多文献讨论了信息反馈对电力消耗的有效性，但由于采用不同的反馈机制，结论不尽相同。元分析结果表明信息反馈可以鼓励居民进行低碳能源消费（Delmas 等，2013；Karlin 等，2015；Nemati 和 Penn，2020）[151,152,154]，可减少

1.1%~20%的居民用电量（Fischer，2008；Vine 等，2013）[150,155]。

信息反馈包括直接信息反馈与间接信息反馈（Darby，2006；Karen 等，2010）[156,157]。间接信息反馈是在消费后通过电费账单的方式提供的信息反馈。间接信息反馈包括终端用能产品的电费信息反馈、电费的历史比较或社会比较。准确和经常性的电费账单将使居民更好地了解一年中不同时期的电力支出情况。Henryson 等（2000）[158]、Gleerup 等（2010）[159]、Carroll 等（2014）[160]、Pon（2017）[161]、Allcott（2011）[164] 研究结果显示，间接的用能信息反馈促使居民改变日常的用能行为，进而节约能源，降低二氧化碳排放。然而，也有研究发现，间接信息反馈对于居民的能源消费产生较小的影响或没有影响。例如，Andor 等（2020）[166] 发现，电力信息反馈仅能减少 0.7%的用电量；Restrepo 和 Morales-Pinzón（2020）[167] 与 Khanna 等（2016）[139] 通过研究证明，信息反馈政策不会影响居民电力消耗。

直接信息反馈是一种通过仪表实时提供的即时信息反馈，如室内显示器（IHD）和具有信息反馈功能的智能设备等。智能电表可以帮助居民实时监测电力消费，更好地了解居民的用电量。Gans 等（2013）[170]、Schleich 等（2017）[171] 和 Zhang 等（2019）[173] 指出，安装智能电表可以分别减少 11%~17%、5% 和 9.1% 的居民用电量。然而，Matsukawa（2018）[174] 却发现，实时的直接信息反馈仅对于能源消费比较多的居民有效；Hargreaves 等（2013）[175] 和 Nilsson 等（2014）[176] 研究发现，通过智能电表提供信息反馈对居民用电量影响不大。

迄今为止，有关我国居民能源行为的研究已受到越来越多的关注，学者们探讨信息反馈对于居民节能反馈的影响。但是，这类研究仅限于区域层面，并且所调查的样本相对较少。Zhang 等（2019）[173] 的研究就仅仅关注上海的居民。此外，通过电费账单和智能电表反馈信息在降低能源消耗方面的有效性在不同的研究中差异很大。鉴于研究结果的多样性，识别何种类型的信息反馈可以对节电产生积极影响，并了解我国居民用能行为背后的机制是至关重要的，本书的工作试图填补这一空白。

结合以往文献，本书研究了间接信息反馈发送电费账单和直接信息反馈安装智能电表对家庭用电量的影响。据此，提出研究假设如下：

假设 7：发送电费账单的信息反馈对居民节约用电有显著正向影响。

信息反馈能提升居民节约用能意识，促使居民改变高能耗的消费行为，提高能源利用效率，居民能源消费行为的这些变化有助于减少电力支出。许多研究得出结论，提供电费账单会影响居民用电量（Gleerup 等，2010；Carroll 等，2014；Pon，2017）[159-161]。因此，假设收到电费的家庭倾向于改变他们的用电行为，从而降低用电量。据此，提出研究假设如下：

假设 8：安装智能电表的信息反馈对居民合理用电有显著正向影响。

智能电表可以帮助家庭更好地监控他们的用电量。大量研究考察了智能电表如何影响居民能源消耗，但得出了不同的结论（Gans 等，2013；Schleich 等，2017；Aydin 等，2018；Zhang 等，2019；Matsukawa，2018；Hargreaves 等，2013；Nilsson 等，2014）[170-176]。本书假设安装智能电表的居民可能会减少用电量。

（二）研究设计

本部分研究的问题是电费账单和智能电表的信息反馈对居民用电量的影响，采用基于准实验的倾向匹配得分方法分析了信息反馈对居民能耗的影响。倾向匹配得分方法可以减少混杂变量和组别之间干扰因素对于实验结果的影响，避免系统性偏差的产生。因此，以用电量为自变量，以电费账单和智能电表的反馈信息为因变量，以人口数量、2014 年总收入、居住时长和户籍类型等家庭特征和住房面积、电器数量、房屋供暖和房屋所有权等房屋特征以及电价为控制变量，如式（4-13）所示，采用 Logit 模型来估计倾向得分：

$$P(x_i) = P(D = 1 \mid x_i) = \frac{\exp(ax_i)}{1 + \exp(ax_i)} \qquad (4-13)$$

其中，$P(x_i)$ 表示居民收到信息反馈的概率，即观察值的倾向性得分。x_i 表示控制变量。如果居民收到关于家庭用电信息反馈，则 D 为 1，如果居民没有收到家庭用电信息反馈，则 D 为 0。Y_0 表示没有收到信息反馈的家庭用电量，Y_1 表示收到信息反馈的家庭用电量。ATT（Average effect of Treatment on the Treated）测度居民在收到用电量信息反馈的平均干预效应，即表示居民 i 在收到信息反馈的观测结果与其反事实的差，称为平均干预效应的标准估计量，可以表示为：

$$ATT = E(Y_1 \mid D=1) - E(Y_0 \mid D=0)，P(x) \tag{4-14}$$

对于通过电费账单和安装智能电表获得信息反馈的居民，反事实 $E[Y_0 \mid D=1]$ 是观测不到的，所以采用居民 i 在没有收到信息反馈的观测结果 $E[Y_0 \mid D=0]$ 作为替代来估计居民在收到信息反馈的潜在结果——反事实。接收用电信息反馈的平均干预效应的标准估计量是同一家庭收到信息反馈和没有收到信息反馈两种状态下的用电量结果之差。由于影响信息反馈的不可观察的家庭特征与住房特征也可能对电力消耗产生影响并导致选择偏差，倾向匹配得分通过对具有相似特征的收到信息反馈的居民家庭和没有接收到信息反馈的居民家庭进行匹配，以获得处理效果。通过将每个收到信息反馈的家庭与一个或多个具有相似可观察特征的没有收到用电信息反馈的家庭匹配，最终得到匹配结果，可以有效降低选择偏差和异质性，确保研究结果更加合理和可靠。

本书采用倾向得分匹配（PSM）方法研究信息反馈策略对于居民电力消耗的影响，数据来自我国国家调查研究中心开展的中国综合社会调查（CGSS），CGSS 是由中国人民大学进行的学术调查项目，调查数据覆盖我国城乡 28 个省份，由核心模块、工作与经济模块、东亚社会调查模块（EASS）、国际社会调查项目（ISSP）模型、能源模块和法律模块组成，每个模块的样本量不同，旨在系统研究我国社会变迁的趋势。截至 2018年底，基于 CGSS 数据，共发表期刊论文 2470 篇、硕士学位论文 645 篇。本书主要利用 CGSS 数据分析信息反馈制度如何影响居民的电力消费，采用核心模块（样本量 10968）和能源模块（样本量 3557）来讨论通过邮寄电费账单或智能电表反馈信息与居民部门电力消费之间的关系，剔除缺失值后，最终样本量为 2585。

为了验证样本中的统计数据能够具有很好的代表性，将样本调查中的人口统计学数据与国家统计局 2015 年统计年鉴数据进行了比较。受访者的教育水平如图 4-7（a）所示，总体趋势与国家统计局的趋势相似。图4-7（b）展示了研究样本和国家统计局的年龄分布。由于样本中采访对象通常是户主，因此样本中年龄段 1 和年龄段 5 与国家统计局存在一些差异，其余类别与国家统计局基本相似。图 4-7（c）、图 4-7（d）显示，调查样本的户籍分布和性别分布与国家统计局的分布非常吻合。此外，本次调查的平均家庭规模（每户 2.9 人）与统计年鉴（每户 3.1 人）相似。总体而言，调查样本与国家统计局的人口统计学因素基本保持一致。

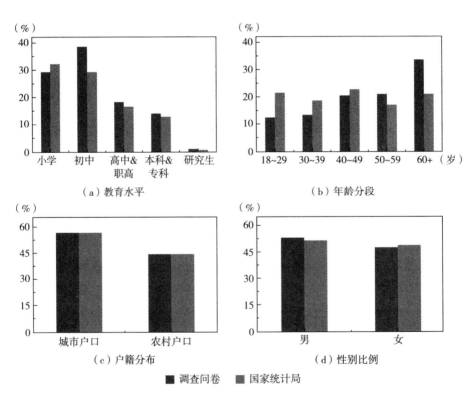

图 4-7　调查问卷和国家统计局统计数据

本部分主要研究间接信息反馈邮寄电费账单以及直接信息反馈安装智能电表对于居民部门电力消费的影响，因此，电力消费为因变量、信息反馈为自变量，并将人口数量、2014 年总收入、居住时长和户籍类型等家庭特征和住房面积，电器数量、房屋供暖和房屋所有权等房屋特征以及电价作为控制变量，具体变量描述如下：

电力消费：研究因变量。居民每月平均用电量的样本数据选自我国综合社会调查（CGSS）的数据，要求受访者提供每月平均用电量数据，单位为千瓦时（kWh）。

信息反馈：研究自变量。通过发送电费账单或安装智能电表上的信息提供信息反馈。信息反馈是一个二分变量（接收信息反馈为 1、未收到信息反馈为 0）。在倾向得分匹配分析中，收到信息反馈的为处理组，没有收到信息反馈的为对照组。

控制变量：为了控制其他因素的干扰，采用了影响居民电力消费的其他因素作为控制变量。以往的研究表明，居民的房屋特征通常会影响居民的电力消费。房屋面积是影响家庭用电量的一个重要因素（Santamouris 等，2007）[287]。随着房屋面积的增加，家庭用电量通常会增加。此外，电器数量（Huebner 等，2016）[288]、住房供暖（Romero-Jordán 等，2014）[289]、房屋所有权（Hamilton 等，2013）[290] 也是影响居民电力消费的重要因素。随着家庭拥有更多的电器和房屋供暖设备，用电量会越来越多。本书计算了居民电器的总量，包括烹饪设备、冰箱/冷柜、洗衣机/烘干机、电视、电脑、热水器、空调等。以往的研究表明，居民的电力消耗与家庭收入（Huang，2015）[291]、家庭中的人口数量（Ndiaye 和 Gabriel，2011）[292]、居住时长（Xu 等，2020）[293] 以及户籍类型等家庭特征有着密切的相关性。根据我国居民能源消费报告，我国城镇居民用电量约为农村居民的 1.25 倍（Yang，2019）[294]。家庭人口数量与居民用电量呈正相关（Karatasou 和 Santamouris，2019）[295]。户型越大的居民电力消耗越多。居民电力消耗与收入之间存在正相关关系（Bao 和 Li，2020）[296]。电价也是影响居民用电量的一个重要因素（Blázquez 等，2013）[297]。因此，控制变量包括人口数量、2014 年总收入、居住时长和户籍类型等家庭特征和住房面积，电器数量、房屋供暖和房屋所有权等房屋特征及电价等，表 4-17 描述了变量特征。

表 4-17 信息反馈制度样本家庭变量描述

变量	变量指标	描述
电力消费	consumption	千瓦时 kWh［0，+∞］
账单反馈	electricity bills	1=收到电费账单；0=没有收到电费账单
智能电表反馈	smart meters	1=安装智能电表；0=没有安装智能电表
2014 年年收入	income	收入水平：远高于平均水平，高于平均水平，平均水平，低于平均水平，远低于平均水平
居住时长	length	连续性变量：从 1 到 ≥7
户籍类型	residence	1=城市户口，0=农村户口
电器的数量	number	连续性变量：从 1 到 ≥51
住房面积	area	连续性变量：从 5 到 ≥1050
人口数量	qty	连续性变量：从 1 到 ≥9
房屋供暖	heating	1=有家庭供暖设备；0=没有家庭供暖设备
房屋所有权	ownership	1=个人所有；0=租房
电价（CNY）	price	连续性变量：从 0.36 到 ≥0.62

为了验证居民电力消费与控制变量之间的关系，采用普通 OLS 方法估计各控制变量对居民电力消费的影响，采用居民电力消费的对数形式和连续性控制变量，表 4-18 为居民电力消费的回归结果，结果证明年收入、居住时长、户籍类型、电器数量、住房面积、人口数量、房屋供暖、房屋所有权以及电价影响居民用电量。为了确保回归结果的有效性，通过 White Test 来检验回归模型是否存在异方差（White，1980）[298]，检验统计量为 0.29，所以该模型不存在异方差。

表 4-18 电力消费的影响因素

变量	变量指标	回归系数	估计标准误差
2014 年年收入	income	0.127***	0.021
居住时长	length	0.862***	0.048

续表

变量	变量指标	回归系数	估计标准误差
户籍类型	residence	0.328***	0.034
电器数量	number	0.704***	0.033
住房面积	area	0.249***	0.050
人口数量	qty	0.286***	0.031
房屋供暖	heating	0.077**	0.031
房屋所有权	ownership	−0.754*	0.049
电价（CNY）	price	0.973***	0.128
LR Chi Square = 134.12			
Prob>Chi^2 = 0.0000			
Pseudo R^2 = 0.975			

注：样本数量=2585，＊、＊＊、＊＊＊分别表示在10%、5%和1%水平显著。

表4-19 给出了有关描述性统计分析结果。剔除最终样本中的缺失值后，共有 2585 个样本值。通过均值、标准差、最小值、最大值和样本值，可以得出居民用电量最大值为 3000，最小值为 3，说明居民用电量存在较大差异。通过电费账单和智能电表接收信息反馈的家庭平均值分别为 0.501 和 0.359，表明 50.1% 的家庭收到电费账单，而只有 35.9% 的家庭安装了智能电表。然后，通过倾向匹配得分分析比较了收到信息反馈的家庭和未收到信息反馈的家庭的用电量。具体来说，采用了三种不同的匹配算法：最邻近匹配法和 1 对 4 邻近匹配（卡尺范围为 0.01）以及核匹配来计算收到用电信息反馈的概率。最邻近匹配是在控制组找到与处理组倾向得分差异最小的居民家庭，作为自己的匹配对象，即在控制组样本中向前或向后寻找最接近处理组样本得分的家庭形成配对。1 对 4 邻近匹配为每个家庭匹配 4 个对照用户，可以减少方差。在核匹配中，通过计算处理组家庭与具有相似特征控制组家庭得分值加权平均进行匹配，对得分更接近的家庭给予更大的权重。

表 4-19　描述性统计分析

变量	样本值	均值	标准差	最小值	最大值
consumption	2585	137.116	144.685	3	3000
electricity bills	2585	0.501	0.359	0	1
smart meters	2585	0.359	0.480	0	1
income	2585	2.679	0.715	1	5
length	2585	6.814	0.826	1	7
residence	2585	0.562	0.496	0	1
number	2585	7.227	3.359	1	51
area	2585	121.272	88.971	5	1050
qty	2585	2.922	1.399	1	9
heating	2585	0.467	0.499	0	1
ownership	2585	0.888	0.316	0	1
price	2585	0.529	0.050	0.36	0.62

（三）实证结果

表 4-20 采用了电力消费的对数形式和连续控制变量进行 Logistic 回归，实证结果显示了影响信息反馈的因素。电价是影响电费账单以及安装智能电表信息反馈的重要影响因素，电费支出较高的家庭更有可能收到电费账单以及安装智能电表，这是因为电费支出较高的家庭愿意监测其电力消费信息。户籍类型对信息反馈有正向影响，且在 1% 的水平具有统计学意义，表明城市居民收到电费账单和安装智能电表的可能性更大。我国大多数三线城市和农村地区的家庭没有安装智能电表（Mi 等，2020）[299]，因此，这些地区的居民从电力供应商中获取电力消费信息的机会有限。居住时间较短的居民收到电费账单的概率越高。拥有更多电器的家庭使用智能电表的可能性要高。拥有房屋产权的居民比租住房屋的居民更愿意安装智能电表，表明拥有房屋产权的居民更愿意进行房屋的能效投资。住宅供暖对安装智能电表有负面影响，这可能是由于电暖气在家庭总用电量中所占比例很大。由于这一高比例，居民不太可能安装智能电表。

表 4-20　信息反馈的影响因素

变量	电费账单		智能电表	
	回归系数	估计标准误差	回归系数	估计标准误差
income	0.049	0.062	0.087	0.059
length	−0.185***	0.049	−0.055	0.049
residence	0.877***	0.099	0.306***	0.093
number	0.012	0.014	0.060***	0.014
area	0.110	0.075	−0.086	0.072
qty	−0.020	0.032	−0.006	0.030
heating	−0.110	0.091	−0.426***	0.086
ownership	0.120	0.138	0.325***	0.137
price	2.089**	0.954	4.371***	0.908
LR Chi Square = 129.87			LR Chi Square = 130.73	
Prob>Chi^2 = 0.0000			Prob>Chi^2 = 0.0000	
Pseudo R^2 = 0.0385			Pseudo R^2 = 0.0365	

注：*、**、***分别表示在10%、5%和1%水平显著。

图 4-8 和图 4-9 分别为收到电费账单和安装智能电表的均衡性检验结果。从图 4-8（a）和图 4-9（a）可以看出，大部分的电费账单和智能电

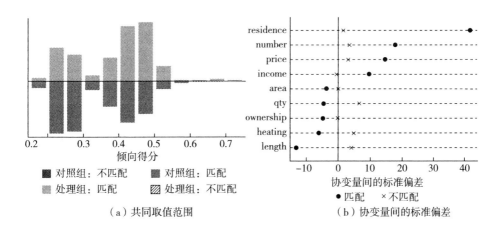

（a）共同取值范围　　　　　（b）协变量间的标准偏差

图 4-8　电费账单的匹配结果

127

表观测值都位于共同取值范围内。图4-8（b）和图4-9（b）分别为倾向得分匹配前后电费账单和智能电表控制变量的偏差，显示了匹配前后控制变量的平衡性。如图4-9所示，所有控制变量的偏差在匹配后都得到了显著的降低，匹配结果较好地平衡了数据。

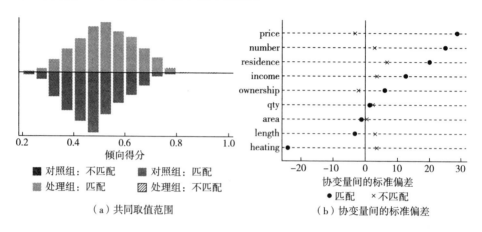

（a）共同取值范围 （b）协变量间的标准偏差

图4-9 智能电表的匹配结果

图4-10和图4-11分别显示了匹配前和匹配后电费账单和智能电表倾向得分的分布情况，其中处理组和对照组在匹配后有较好的共同取值范围，匹配后的倾向性得分有很大的重叠，有效地减少了数据偏差。这意味着，在匹配后，处理组和对照组在所有控制变量上都非常相似。

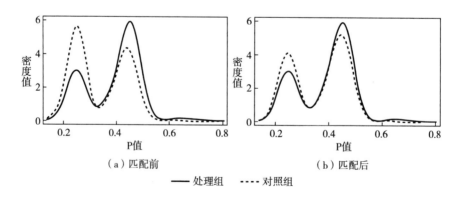

（a）匹配前 （b）匹配后

—— 处理组 ---- 对照组

图4-10 电费账单的概率密度函数

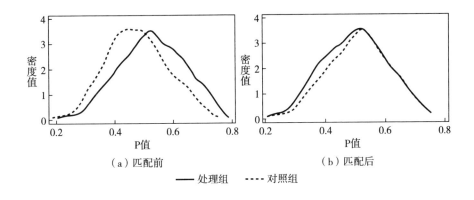

（a）匹配前 （b）匹配后

—— 处理组 ⋯⋯ 对照组

图 4-11 智能电表的概率密度函数

表 4-21 和表 4-22 给出了电费账单和智能电表中控制变量的平衡结果。从中可以看出，收到信息反馈的家庭和没有收到信息反馈的家庭表现出相似的特征，倾向性得分在匹配后显著减少了偏差，低于严格的标准值10。此外，电费账单与智能电表进行匹配后，其控制变量并无显著差异。因此，就电费账单和智能电表而言，除人口数量外，处理组和对照组的2014 年的年总收入、居住时间、居住类型、建筑面积、电器数量、房屋供暖、房屋所有权和电价都得到了很好的匹配，各变量匹配后在处理组和对照组间是均衡的。

表 4-21 电费账单匹配前后控制变量的平衡性检验

变量	匹配状态	均值		标准差	标准差绝对值减少值	T 检验	
		处理组	对照组			T 统计	P 值
residence	匹配前	0.6899	0.4894	41.6	96.2	10.05	0.000
	匹配后	0.6915	0.6839	1.6		0.35	0.726
income	匹配前	2.7223	2.655	9.4	95.2	2.30	0.022
	匹配后	2.7238	2.7271	−0.5		−0.10	0.921
length	匹配前	6.7406	6.8556	−13.1	69.0	−3.40	0.001
	匹配后	6.74	6.7044	4.1		0.72	0.471
number	匹配前	7.6114	7.0115	18.1	79.9	4.37	0.000
	匹配后	7.6214	7.5005	3.6		0.79	0.431

续表

变量	匹配状态	均值		标准差	标准差绝对值减少值	T检验	
		处理组	对照组			T统计	P值
area	匹配前	2.0958	2.119	-3.7	95.4	-0.89	0.372
	匹配后	2.0982	2.0971	0.2		0.04	0.970
qty	匹配前	2.8827	2.9408	-4.2	-61.5	-1.02	0.310
	匹配后	2.8803	2.7864	6.7		1.51	0.132
heating	匹配前	0.4478	0.4780	-6.0	21.3	-1.47	0.141
	匹配后	0.4488	0.4250	4.8		1.03	0.303
ownership	匹配前	0.8784	0.8931	-4.6	100.0	-1.13	0.257
	匹配后	0.8781	0.8781	0.0		0.00	1.000
price	匹配前	0.5330	0.5259	14.5	76.6	3.57	0.000
	匹配后	0.5333	0.5317	3.4		0.76	0.446

表4-22　智能电表匹配前后控制变量的平衡性检验

变量	匹配状态	均值		标准差	标准差绝对值减少值	T检验	
		处理组	对照组			T统计	P值
residence	匹配前	0.6111	0.5117	20.1	66.5	5.12	0.000
	匹配后	0.61068	0.5774	6.7		1.72	0.085
income	匹配前	2.7238	2.6343	12.5	70.6	3.18	0.001
	匹配后	2.7229	2.6966	3.7		0.95	0.342
length	匹配前	6.8009	6.8276	-3.2	7.3	-0.82	0.411
	匹配后	6.805	6.7802	3.0		0.74	0.459
number	匹配前	7.6427	6.809	25.0	88.6	6.36	0.000
	匹配后	7.5906	7.4954	2.9		0.71	0.477
area	匹配前	2.1073	2.1141	-1.1	66.2	-0.28	0.783
	匹配后	2.1068	2.1045	0.4		0.10	0.923
qty	匹配前	2.9298	2.9099	1.4	-59.9	0.36	0.718
	匹配后	2.9296	2.8978	2.3		0.58	0.562
heating	匹配前	0.4074	0.5272	-24.2	85.1	-6.14	0.000
	匹配后	0.4087	0.3909	3.6		0.92	0.356

续表

变量	匹配状态	均值		标准差	标准差绝对值减少值	T 检验	
		处理组	对照组			T 统计	P 值
ownership	匹配前	0.8974	0.8781	6.1	63.9	1.55	0.121
	匹配后	0.8971	0.9040	-2.2		-0.59	0.554
price	匹配前	0.5353	0.5216	28.7	88.9	7.29	0.000
	匹配后	0.5351	0.5366	-3.2		-0.84	0.400

此外，表 4-23 显示了电费账单和智能电表匹配情况的统计学检验。电费账单和智能电表的伪 R^2 在匹配后降低，说明控制变量能够很好地解释接收信息反馈的概率。同样，电费账单和智能电表的似然比检验 p 值匹配后均无显著性差异，表明通过电费账单以及智能电表获得信息反馈的居民与没有收到信息反馈的居民控制变量分布没有显著差异。通过 3 种匹配方法，收到电费账单和安装智能电表家庭的控制变量的联合显著性检验表明匹配后不存在显著的差异。此外，平均偏差和中值偏差均低于匹配后所需的 20%（Rosenbaum 和 Rubin，1983）[300]，并且都低于更严格的标准 10，表明匹配效果很好。

表 4-23　匹配平衡性检验

匹配方法	信息反馈类型	伪 R^2	似然比 Chi 检验	p 值	平均偏差	中值偏差
匹配前	电费账单	0.038	129.18	0.000	22.8	19.4
	智能电表	0.036	130.60	0.000	23.6	22.5
近邻匹配（1:1）	电费账单	0.001	5.63	0.776	2.8	3.4
	智能电表	0.002	6.15	0.725	3.1	3.0
近邻匹配（1:4）	电费账单	0.001	1.95	0.996	1.5	1.1
	智能电表	0.000	1.32	0.998	1.0	0.4
核匹配	电费账单	0.001	2.66	0.976	2.1	2.6
	智能电表	0.000	1.27	0.999	1.0	0.7

如表 4-24 所示，为了对回归结果进行稳健性检验，提供了几种匹配算法来进一步估计信息反馈对居民电力消费的影响。采用最邻近匹配法和 1 对 4 邻近匹配（卡尺范围为 0.01）以及核匹配得出倾向得分匹配的处理效应，研究结果显示所有这些匹配估计都得出了类似的结果。倾向得分匹配的研究结果表明，电费账单对所有匹配算法的居民电力消费都有显著的影响。收到电费账单的家庭用电量下降了 15% ~ 23%。本书研究结果与 Fischer（2008）[150] 和 Vine 等（2013）[155] 的研究结果一致，信息反馈可以减少高达 20% 的电力消费。电费账单向居民提供包括居民用电量和电费支出在内的账单收据。这种信息反馈可以告知居民每月的电力消费情况，以便居民对电力消费的历史记录进行比较。

表 4-24　倾向得分匹配的处理效应

匹配方法	信息反馈类型	ATT	标准误差	对照组	控制组
近邻匹配（1∶1）	电费账单	-22.113*** （-3.19）	6.938	141.529	163.642
	智能电表	29.021*** （3.95）	7.351	177.810	148.788
近邻匹配（1∶4）	电费账单	-19.060** （-2.50）	7.615	141.529	160.589
	智能电表	19.117*** （2.72）	7.0264	177.613	158.496
核匹配	电费账单	-15.614** （-2.19）	6.925	141.529	157.143
	智能电表	19.993*** （3.02）	6.628	177.809	157.817

注：括号内为 t 值。*、**、*** 分别表示在 10%、5% 和 1% 水平显著。

然而，安装智能电表却增加了用电量，这与 Hargreaves 等（2013）[175] 和 Nilsson 等（2014）[176] 的研究结果一致，他们的研究证明，安装智能电表并不一定会减少电力消耗。原因可能是，尽管安装了智能电表，但居民获取用电信息的渠道有限。在本次调查中，只有 2%的家庭智能电表安装于室内，16%安装了智能电表的家庭不知道自己的电力消费。我国大多数智能电表屏幕只显示以千瓦时为单位的累计用电量，一些家庭可能无法完全理解智能电表显示的含义。此外，家庭通过智能电表获取历史用电量记录的机会有限。相比之下，Zhang 等（2019）[173] 的研究表明，在上海市，家庭显示器每月的用电量减少了 9.1%左右，这是因为研究的重点是实时家庭显示器，它可以让家庭在线查看账单并比较历史用电量以及查询节能建议。在这种情况下，居民可以直观地看到用电量数据。安装智能电表增加用电量的另一个原因是安装智能电表的家庭通常为城市的高收入家庭。虽然表 4-20 显示城市居民安装智能电表的潜力更大，但这些居民可能没有内在动力节约用电，因为电费支出只占他们家庭收入的一小部分。已有研究表明，在电力支出相对较低的家庭中，安装智能电表会产生回弹效应（Matsukawa，2018）[174]。Fischer（2008）[150] 也指出，当居民获得用电的更多信息时，用电量极低的家庭可能会增加整体的用电量。因此，需要进一步研究如何利用智能电表来节约电力消耗。

（四）结果与讨论

本部分利用我国综合社会调查（CGSS）的微观数据，采用倾向得分匹配（PSM）方法研究了信息反馈对居民用电量的影响。研究结果显示，电费账单的信息反馈能鼓励居民有效用电，这与本书的假设是一致的。这是因为在没有用能信息反馈的情况下，居民缺乏有关其用电量的信息，不知道如何进一步节约用电。通过电费账单反馈，可以及时告知居民实际用电量和电费支出情况，激励居民关注自身电力消费情况，从而调整和改变居民的用能行为，提高居民部门的能源效率。此外，历史信息反馈作为一种自我比较，可以通过建立个人规范来促进居民的节能行为，居民历史电力消费情况的信息反馈促使其日常用电量降低了 10%（Promann 和 Bruns-wicker，2017；Wood 和 Newborough，2007）[301,302]。因此，应向居民提供以往的电费缴费记录或一些预先设定的电力消费目标来激发居民的节能行为，进而减少二氧化碳的排放。此外，已有研究表明社会规范信息反馈对于居民节约用能的有效性，即同龄人或邻居的能源消费行为会显著影响居民的能源消费行为（Allcott，2011）[164]。通过社会比较提供的信息反馈可以降低家庭1.2%~30%的能源消耗。这些家庭收到了个人信息反馈和比较信息反馈，在短期和长期内都成功地降低了能源消耗，特别是对于能源消耗较高的居民，因为他们具有更高的节能潜力（McCalley和Midden，2002）[303]。关于电费账单的频率，Abrahamse等（2005）[128]通过元分析得出信息反馈的节能潜力在很大程度上取决于其频率。事实证明，频繁的信息反馈是促进居民节能的有效政策干预。因此，在进行这类政策干预时，应考虑信息反馈的持续性，因为信息反馈的效果往往在政策干预结束时消失（Karen等，2010）[157]。

前文研究数据表明，我国只有50.14%的家庭收到电费账单，而只有35.94%的家庭安装了智能电表，我国对于信息反馈制度的运用较少。因此，从政策角度来看，应重视信息反馈制度对于居民节能减排行为的引导作用。我国政府比较重视利用强制命令型法律机制和经济激励型法律机制来引导居民领域的节能减排，如阶梯电价制度，但是收效甚微。所以，政府部门应该挖掘信息反馈制度在居民领域节能减排的作用。根据研究结果，可以通过电费账单的形式向居民提供用能信息反馈，信息反馈应当包括自己的能源使用情况、历史的能源使用情况、邻居的能源使用情况、有关节能的知识和建议、有利于二氧化碳的减排行为以及能源消耗对环境和气候变化的潜在影响。此外，应保证信息反馈的周期性，以维持信息反馈的效果。

对于智能电表，研究表明安装智能电表并没有对节电产生积极的影响，这与假设相矛盾。研究时间、样本量、国家、研究方法等方面的差异导致研究结论的差异。以往研究证明，通过智能电表的信息反馈效果与居民积极的环境态度和对智能电表提供信息的理解密切相关（Darby，2006）[156]。然而，我国大多数居民缺乏智能电表的相关信息，无法将这些信息反馈转化为节约用电的行动。因此，应向居民提供有效的节能建议和技术培训，以增加居民对智能电表信息反馈的了解，使节能成为可能。尽管智能电表在我国的普及率相对较高，占市场的50%以上，但由于我国智能电表安装在屋外，大多数居民用户获取信息的渠道有限。家庭智能电表仅具有传统电能表基本用电量的计量功能，不能向居民提供足够的用能信息，对于居民节约用电的引导作用有限，亦不能充分发挥居民侧的节能减排潜力。因此，从政策角度来看，智能电表应该将能源消费的具体信息以可访问、清晰、易懂的方式传输到居民家中的电脑和手机上，方便居民控制用电量。

此外，学习在促进居民节能方面扮演着重要的角色（Lynham 等，2016）[304]。政府以及电力企业应该提供关于智能电表使用的培训和教育推广计划。通过智能电表使用的技能培训和宣传教育，可以帮助居民了解如何通过智能电表实时获取有关能源使用的信息，并随时了解各类电器的使用情况以及电力消费情况。通过智能电表提供特定电器的反馈，使居民更好地知晓他们可以通过哪些潜在途径减少电力消费，特别是针对高能耗的终端用能产品。总之，从需求侧管理的角度，重视信息反馈干预措施在引导居民节能和减排中的作用，合理开发引导与自愿参与型的法律机制，促进我国节能减排目标的早日实现。

四、小结

本章运用经济学的方法对于居民生活用电碳减排法律机制进行效应评估。首先，基于行为经济学理论系统梳理了我国已经实施的能效标准与标识制度以及相应的补贴制度。利用我国综合社会调查的微观数据实证分析能效标识制度以及相应的补贴制度的实施效果，研究发现，能效标识制度和补贴制度可以促进居民节能电器的购买，教育水平与节能家电的实际拥有量呈现正相关。此外，与东部地区的居民相比，中西部地区的居民对于节能电器的投资不足。

其次，运用断点回归模型评估了居民阶梯电价制度的有效性，研究发现阶梯电价在引导居民节电效果有限，构建正确的政策认知，即提升居民对于阶梯电价制度的理解和认识可以有效纠正不合理的用电行为，个体的异质性导致居民对阶梯电价制度的认知存在差异，收入越高、家庭人口越多、受教育程度越高的居民对于阶梯电价制度了解程度越高；选择购置节能产品以及注重节能行为的居民以及了解峰谷电价的家庭，对阶梯电价制度更为熟悉。

最后，基于行为经济学理论梳理国内外信息反馈制度对于居民能源消费的影响。在此基础上，运用倾向得分匹配法比较向家庭发送电费账单与安装智能电表在促进居民节电方面的效果。结果显示，通过信息账单提供信息可减少约20%的用电量，这些因为发送电费账单的信息反馈可以解决居民的有限理性，并最终引导居民节约用电。而通过安装智能电表提供信息反馈，由于缺乏对智能电表信息反馈的相关知识，对家庭节电没有积极的影响。虽然智能电表没有改变居民的用电习惯，但是可以通过学习来促进智能电表对居民节能行为的引导。

第五章

完善我国居民生活用电碳减排法律机制

基于消费端的居民作为最主要的节能和减排的主体之一，培养其低碳的消费意识以及形成低碳的生活方式，依法履行碳排放责任是我国乃至全球减少碳排放最有效的途径，同时也是缓解能源危机最有效的办法。完备的法律机制是规制居民生活用电碳排放行为的法律保障，但我国尚无居民在二氧化碳减排领域的专门立法，不利于引导居民二氧化碳减排。虽然我国《宪法》、《环境保护法》和《节约能源法》等赋予居民依法履行节能和减排的义务和责任，但是这些条款都是原则性的规定，缺乏可操作性。借鉴相关国际经验，完善我国居民生活用电碳排放的根本制度和管理体制，从法律层面对居民的碳排放行为进行约束，是实现碳达峰和碳中和目标的重要任务。抓住当前碳达峰和碳中和的战略机遇，通过开展居民生活用电碳减排相关立修法工作，为我国低碳经济发展提供长期稳定的法律环境。

一、完善命令控制型法律机制

（一）夯实居民生活用电碳减排的法律基础

法律对居民降低碳排放发挥基础性作用，通过政府的强制约束力引导居民节约用能，可减少二氧化碳排放。居民侧二氧化碳等温室气体排放主要通过能源消耗而产生，且居民能源消费所引起的碳排放不断增加。因此，在碳中和目标下，我国居民生活用电碳减排法律机制的重点内容之一是构建居民节约能源制度。从我国现有的法律、法规和规章来看，企事业单位的能源消耗规制已经比较成熟与完善，已具备较为严密的制度结构，而针对居民能耗规定较少而且都是倡导性的建议。此外，我国《环境保护法》、《大气污染防治法》等法律规定了居民节能减排的义务，但没有明确的法律责任与之相对应和匹配，这就难以强有力地制约居民能源浪费以及高碳排放行为。因此，现行法律中规定的规制对象等内容仅做简单扩大解释并不能适用于居民的节约能源与碳减排行为，必须建立健全具体的、有针对性的法律实施机制。

综观国外关于居民节约能源的法律机制，美国是居民节约能源法律法规较为系统的国家，法律内容广泛。美国的《1975 年能源政策和节约法案》、《1978 年国家能源法案》、《1987 年国家电器产品节能法》、《1992年能源政策法案》提出了与居民节约能源有关的内容，通过能效标准与标识制度提高能源效率以减少温室气体排放。2005 年颁布的《国家能源政策法案》，从立法上促进居民节约能源，制定了详细的居民节能标准，通过能源之星计划、能效标识制度引导居民购买高能效产品，同时要求居民监督《能源政策法案》的具体条款以及处罚程序等，引导居民遵守法律法规。此外，制定了各种居民节能减排的经济激励措施，鼓励居民使用清洁能源（刘颖，2007）[305]，对于新建的房屋符合能效标准的居民给予激励型措施。2009 年美国通过的《清洁能源和安全法案》对住宅的能源利用设定了强制性降低目标，鼓励居民在住宅中采用节能设备以及可再生能源，并设立绿色银行中心，为居民提高能源效率给予资金支持（杨泽伟，2010）[306]。

欧洲各个国家也非常重视居民的节能立法，法律机制对于丹麦居民的能源节约起到了非常重要的作用。丹麦于 1997 年制定的《能源标识法案》，要求小型房屋出售前进行能效评估，丹麦住宅节能标识率已达到

85%。丹麦于 2011 年制定的《能源战略 2050》（*Energy Strategy* 2050）明确提出通过对居民征收能源与二氧化碳税促进其节约能源（于文轩，2015）[307]。英国与居民有关的节约能源法律起步较早，早在 1995 年，英国就颁布并实施了《家庭节能法》，制定了具有法律约束力的居民节能目标，要求政府采取切实措施，10 年内将居民建筑能耗较 1996 年或 1997 年的能耗水平下降 30%。英国于 2008 年颁布的《气候变化法案》将节能和减排的规制对象延伸到居民家庭和建筑物等领域，以促进居民承担节能减排的责任与义务。此外，英国引入家庭能耗审计制度，通过在线二氧化碳计算器计算家庭碳排放量，进而为居民提供实用的节能低碳建议，推动居民节能低碳生活方式的转变（张通，2008）[308]。2009 年，英国发布《英国低碳转型计划》提出减少 29% 的家庭与社区碳排放，并通过补贴政策提高居民家庭能效以及促进可再生资源的发展。同一年，英国出台了《居民排放（气候变化）议案》，制定居民低碳消费相关减排指标，从居民侧推动二氧化碳减排工作。2011 年英国颁布的《能源法案》规定，新建居民房屋须达到"零排放"标准，住房业主不能拒绝承租人提出的提高住房能源利用效率的要求。此外，住房业主出租未达最低能效标准的居民住宅将被视为非法（Department of Energy and Climate Change，2011）[309]。英国于 2013 年出台的《能源效率（多用途住宅）法案》和 2014 年出台的《多用途住宅（能源性能证书和最低能源效率标准）法案》旨在引导多户型住宅的居民提高家庭能源效率和减少碳排放。

日本于 1998 年颁布的《全球气候变暖对策推进法》，明确了居民应对气候变化的基本政策，居民的节能减排进入日本法律的调控领域。2000 年颁布的《推进循环型社会基本法》中对居民的责任进行了规定，相关条款都直接以"公民责任"或"公民义务"命名，详细规定了居民节约能源的责任和义务，2008 年，日本通过了《构建低碳社会行动计划》，通过领跑者制度、节能标识制度、碳足迹制度鼓励居民节能能源，减少温室气体排放（栾春玉，2012；陈志恒，2009）[310,311]。

借鉴国外法律实践经验，首先，确立科学的居民生活用电碳减排管理体制。结合我国现行法律机制以及居民现代化生活中的能源使用情况，明确居民生活用电碳减排的战略定位与部门协调机制。将居民生活用电碳减排纳入政策制定议程，明确居民生活用电碳减排的战略定位，开展顶层设计，制定符合我国国情的居民生活用电碳减排战略与行动计划。建立居民生活用电碳减排部门协调机制，成立领导小组和工作组成员，针对居民生活用电碳减排的工作进行评估，提出完善的居民生活用电碳减排标准机制、定价机制与教育机制等，加强与现有的气候变化以及环境变化领导小组的协调与合作。

其次，扩大调整范围，将居民节能和减排的内容全面纳入现行的节能减排法律体系。居民节能和减排的落实不仅是生态文明制度和促进社会低碳发展的必然要求，也是与居民的自身利益密切相关，为其创造良好生活环境的客观必须。居民节能低碳立法可以保障居民的生态环境利益诉求，提高居民践行节能低碳行为的积极性，增强居民节能低碳的责任感，减少节能低碳规范实施中的障碍。因此，在现行节能法律法规中《节约能源法》、《环境保护法》、《清洁生产促进法》、《循环经济促进法》以及未来出台的《应对气候变化法》、《能源法》补充了居民节能减排的内容，其中包括居民节能和减排的定义、立法目的、规范重点、管理体制与法律机制以及工作目标责任和法律责任。在能源管理章节中增加居民日常生活节能标准，通过具体的信息披露制度、节能标准制度、节能标识制度、碳标识制度等影响节能领域产品的消费；在能源节约章节中将规制对象从传统的工业、建筑等重点用能单位延伸到居民家庭和居民建筑物等领域，可以采用专章专款的形式细化居民领域的节能和减排，规定用能原则、居民责任制度建立、节能低碳宣传、法律责任等。此外，居民节约能源以及减少碳排放的法律规范应当明确规定居民的参与权与监督权。在明确居民参与节约能源以及二氧化碳减排的法律地位之后，细化具体条款，对我国居民参与节约能源以及二氧化碳减排的具体途径、形式和程序做出详细的规定，如居民有权举报浪费能源以及违反能源和碳排放相关法律的行为，并对政府及有关部门节约能源以及减少碳排放等有关发展规划的信息享有知情权，享有对主管部门履行职责提出意见和建议的居民参与权。同时，需要明确居民能源消耗与碳排放行为模式所对应的法律责任。无法律后果的居民能源消耗与碳排放的法律法规难以发挥其调节作用。具体而言，居民合理利用资源，使用能源获得收益，或造成其他居民机会损失的，应当予以补偿或弥补他人的损失；居民因能源消耗以及二氧化碳排放给其他居民带来损害的，应当承担相应的法律责任。因此，在法律责任章节中应该明确居民生活用电碳排放行为模式所对应的法律后果。通过立法，明确居民在推行节能和减排的义务和职责，逐步将居民的碳排放工作纳入法制化轨道，使居民生活用电碳排放有法可依、有法必依、执法必严、违法必究，在建立健全法律规定的基础上，逐渐配套出台具有较强操作性的实施细则等。

最后，在现行环境、能源和资源等相关法律中增加居民生活用电碳排放规制相关的内容，形成推动居民节能和减排的协同效应。例如，现行《大气污染防治法》难以满足温室气体减排的需要，二氧化碳与大气污染物的根源基本相同，在法律的修改中应兼顾碳排放控制，将碳排放纳入《大气污染防治法》的规范范围，增设居民控制二氧化碳排放的条款，推行低碳消费；《可再生能源法》立法目的主要是保证能源安全与提高能源效率，在当前背景下控制碳排放已成为其首要目标，在法律修改中应当强化居民侧节能，提高居民侧能效进而促进二氧化碳减排；完善《建筑法》，在法律修改过程中明确延长建筑寿命、提高建筑能效、鼓励发展零排放建筑等举措。通过法律法规的进一步完善确保居民有选择绿色低碳能源产品和低碳生活方式的权力，同时规定居民低碳消费的责任与义务。

（二）　制定严格的能效标准与标识制度

强制性的能效标准与标识制度对于居民选择绿色低碳产品进而促进居民二氧化碳减排有重要的作用。因此，通过修订能效标准制度以及完善强制性能效标识制度对于规制居民低碳消费行为显得尤为重要。

在全球范围内，能效标准与标识制度已经成为解决信息不对称问题和推广节能高效终端用能产品的常用政策措施。研究证明，能效标准与标识制度能够促进居民对节能家电的投资。美国于1975年颁布的《能源政策与节约法案》开始实施强制性能效标准、强制性能效标识、自愿性认证标识等制度；1978年开始制定建筑物能效标准，并且每3年更新一次；1992年的"能源之星"计划覆盖了家用电器、照明产品等5大类60种终端用能产品。日本于1999年修订的《节约能源法》开始推广领跑者制度以及强制性能效标识制度，产品的能效显著提升，领跑者制度中的能效标准5年后即自动成为最低标准。因此，我国应根据科学定期修订能效标准与标识制度，使能效标准与标识制度保持较强的适应性和前瞻性。虽然我国能效标准与标识制度在引导居民购买节能低碳终端用能产品方面取得了很大进步，但相较美国、欧洲和日本，这些标准低10%~30%，所以，能效标准与标识制度的完善仍有较大改进空间。

1. 完善能源效率标识的法律体系

构建独立的法律体系是能效标准与标识制度有效实施的基础。政策的执行在很大程度上取决于法律体系的完善，完善的能效标识制度应包括能效标准的制定、产品的覆盖范围以及对不遵守规定的法律惩罚性措施。《节约能源法》为能效标准和标识制度的实施提供了立法依据，《循环经济促进法》将产品资源消耗标识制度作为基本管理制度。然而，能耗标识制度监管的薄弱直接影响到能效标识制度的实施效果。由于缺乏统一的检查监督制度，一些企业利用自行申报过程，在能效标识上粘贴出虚假信息，严重损害了居民的利益。因而，有必要建立健全能效标识执行与监管机制，授权组建专门的能效标识主管监察机构，并形成与能效标识制度的相关配套制度，进一步完善能效标准制度以淘汰那些耗能高、经济性差的用能产品。

2. 提高居民对能效标识制度的认识

我国是一个人口众多的国家，具有巨大的节能潜力。但是，居民对绿色低碳产品信息的认识不足，严重阻碍了他们购买节能低碳产品的决定。尽管能效标识已在大多数国家和地区广泛使用，但仍有许多居民不了解或理解能效标识信息。王彭杰等（2015）[312] 对杭州市节能家电的居民购买选择进行了研究，结果表明，很大一部分人没有关注能效标识，不关注洗衣机和电视机能效标识的居民比例分别达到45.1%和51.0%，表明居民对能效标识了解不足，并在实际的购买过程中不会主动参考能效的相关信息，能效标识法律制度的普及程度仍有待提高。因此，政府可以利用宣传手册、图片、电视公益广告、网络平台等媒体推广能效标识制度，建立包含能效信息和相关补贴制度在内的能效标识网站，加大能效标识制度的宣传力度，使居民了解节能低碳产品的长期收益，促进居民低碳消费习惯的培养。还应建立能效标识双向沟通渠道，一方面利用社交媒体培养居民能效标识法律制度的参与意识，积极回馈居民的意见。另一方面可以在宣传中突出个人的节能效果，让居民感受到个人行为对环境的影响，从而增强居民对节能行为的自豪感。通过提高居民对能效标识制度的认识和了解，促使居民在选购产品时，将标识信息作为选购标准，引导居民购买节能低碳产品。

此外，逐步扩大能效标识制度适用的产品范围，以最大限度发挥能效标识制度的作用。截至目前，我国已实施强制性能效标识15批次，涵盖42种产品，依据市场成熟度，采取分类、分级推广应用能效标准与标识。通过全面的市场调查，定期调查居民对节能家电的期望，收集电器真实的消费能效数据，以确保能效标识上显示的信息与现实能效相匹配，提高能效标准与标识制度的公信力和公众认可度。针对东、西、中部地区对于能效标识制度认知的区域差异，进一步加强中西部地区能效标识制度的推广，提高节能低碳产品在中西部地区的识别度和占有率，从而促进中西部地区低碳消费文化的形成。为居民开展节能意识宣传，制定能效标识推广方案，使中西部地区的居民能够了解节能低碳电器对家庭总能耗的好处以及节能低碳产品所带来的长期收益。这样居民可以在不同的选购方案中平衡利益和成本，实现自身利益的最大化。与传统产品相比，节能低碳产品在生产工艺、材料加工、标识认证等方面的成本较高，导致其价格较高，但从长远来看，节能低碳产品生命周期成本较低，可以节省电费，降低二氧化碳排放。因此，可以通过低碳宣传和知识普及提高居民对终端用能产品的节能认识，引导居民在日常生活中更自觉地践行低碳消费。

3. 升级能效标识设计以及信息公开

能效标识制度可以降低居民注意力成本，增加居民社会福利。降低注意力成本的最有效方法是引导居民更多地关注能效标识上的信息，通过能效标识减少居民的信息不对称和降低信息成本。然而，能效标识太多的专业信息让很多居民无法理解具体的能耗信息，应进一步加强能效标识信息的直观性与易读性，将产品能耗信息以更简单的方式呈现给居民。研究表明，欧盟能效标识从混合字母（A+++到D）转为单一字母（A到G），使居民选择节能电器的意愿大幅度提升（Ölander 和 Thogerson，2014）[252]。应改变标识形式，突出不同能效等级产品的未来节能潜力，使居民能够清楚地了解产品的能耗信息，促进居民节能低碳产品的购买意愿。

此外，能效信息可以提供节能低碳终端用能产品的使用成本、能源效率、二氧化碳排放和补贴政策等方面的比较信息，这些信息允许居民在终端用能产品之间进行比较。2016 年，我国新版能效标识贴上二维码标识（QR 码），通过扫描二维码获取用能产品的能效信息。但是，我国能效标识上显示的能效信息是物理单位而不是货币单位，没有提供终端用能产品的使用成本和能源成本信息。由于以物理单位表示的能源信息通常会使居民高估成本节约，并引导居民选择能效较低的电器，因此，能效标识应提供终端用能产品的成本信息，特别是生命周期成本，可以促使居民选择更加节能的产品。此外，在能效标识或者能效标识网站通过能源消耗具体数值和能源效率等级表示产品的经济效率，通过显示产品的生命周期成本或使用成本，将能效标识与节约成本联系起来，进而引导居民的节能低碳的消费决策。

（三）推进低碳产品标准、标识与产品认证工作

前述实证研究表明，能效标识制度和标准制度对于引导居民的低碳消费起到了积极的作用。因此，应进一步完善与之相对应的碳标识制度。碳

标识制度是指把商品生命周期的二氧化碳排放量（即产品碳足迹）在产品标签上用量化的指数标示出来。一方面，碳标识制度表达了居民的环境知情权，居民可以通过量化的碳标识了解产品的整个生命周期信息，居民只有在更好地掌握产品能效和碳排放信息之后才会产生低碳产品的购买动机，从而选择碳标识认证的产品，实现自身效用的最大化；另一方面，碳标识制度使居民认识到自身的购买决策对气候变化的潜在影响，能有效提升居民低碳消费价值观与责任意识，引导居民树立低碳消费理念，购买低碳节能的产品，践行低碳生活模式，最终达到减少能源消耗与二氧化碳排放，缓解全球温室效应的目的。

为引导居民的低碳消费，美国、法国等国家率先推出了碳标识制度。2009 年，美国加利福尼亚州通过《碳标识法案》，建立全生命周期为基础的碳标识制度，引导居民选择低碳产品（李长河和吴力波，2014）[313]。2010 年，法国国民议会通过的《环境法案》第八十五条规定，通过标签的方式告知居民产品和包装整个生命周期的碳排放量信息及其对环境和资源的影响，该法案从 2011 年起实施，法国成为世界上第一个制定强制性碳标识制度的国家（王志华，2012）[314]。日本的《构建低碳社会行动计划》中明确指出推行"碳足迹"标签制度，在产品外包装上标示出产品生命周期每个阶段的碳排放量，用于引导居民进行低碳消费，推动整个社会低碳经济的发展①。国外的碳标识制度的实施对于提升居民的低碳意识，促进低碳消费起到了积极的作用。

我国目前的低碳产品认证标志属于认证类的环境标志，没有提供具体碳排放量，这种碳标识对于低碳消费的引导作用有限。此外，我国低碳产品认证制度采用的是自愿性模式，这种自愿性模式在构建碳标识与低碳产品认证制度的初期较为稳健，但在制度发展中后期法律强制力不足。因此，难以扩大低碳产品的认证范围，不利于技术规范的标准化建设，使得碳标识产品缺乏市场竞争力，无法保障居民的环境知情权等。从域外立法

---

① Japan to Launch Carbon Footprint Labeling Scheme. 2008 [EB/OL]. https：//www. launch-group. com. au/2008/08/22/japan-to-launch-carbon-footprint-labelling-scheme/.

实践来看，法国的碳标识制度成功从自愿推行转向强制推行，借鉴法国碳标识制度的成功经验，结合我国碳标识与低碳产品认证制度的发展实践与居民低碳消费意识和习惯，积极推进低碳产品认证制度与碳标识制度应从自愿模式逐步转向强制模式。进一步完善《节能低碳产品认证管理办法》，如要求产品在投入市场前进行低碳产品认证，并通过标签的方式告知消费者产品整个生命周期的碳含量，提高认证结果的强制性，维护碳标识的公信力和权威性，以此引导居民合理消费和低碳消费。健全低碳认证标准体系，可以充分利用中国环境标志、能源效率等已有标准，并借鉴国际低碳标准，明确碳标识认证机构与管理机构，构建我国统一的低碳认证与评价标准体系，提高居民对低碳产品的置信度，根据低碳产品的标准选择适合居民需求的低碳产品。规范低碳产品认证工作，促进低碳产品在市场中的辨识度和占有率。完善低碳产品的监督机制以维护低碳产品标准与标识的权威性。

完善碳标识认证程序，扩大现有认证制度的涵盖范围，完善碳标识制度的监管制度。国外构建低碳产品认证和碳标识制度的重要经验之一是循序渐进地增加低碳产品认证制度所涵盖的产品和服务，因此，考虑到我国生产力发展水平、较为落后的碳标识制度以及居民的低碳意识等因素，需要循序渐进地扩大我国低碳产品的认证范围，逐步纳入其他与居民低碳消费切实相关的方面。

此外，协同能源效率标识和低碳产品标识制度，推进《能源效率管理办法》与《节能低碳产品认证管理办法》的衔接，通过建立统一的节能低碳产品和服务评价指标体系有序开展节能低碳产品认证和标识管理。我国能效标识上显示能源效率等级以及产品的能耗量指标，但是没有显示碳排放信息。因此，在标识上用量化指数显示产品和服务生命周期内（从原料、制造、储运、废弃到回收的全过程）所消耗的资源和碳排放量，以方便居民选择低碳产品，从而促进二氧化碳的减排。

二、完善经济激励型法律机制

（一）健全居民能源补贴法律机制

能效标识制度能够引导居民的节能低碳行为，而居民节能电器的购买意愿却受到了经济约束的负面影响。虽然居民已经有很强的节能观念和环保观念，但是受到经济约束的影响，通常会选择"自利"行为。由于个人节能行为的自发性，居民的节能减排行为更多需要通过经济激励型法律机制增强居民的节能环保意识。与能效标识相关的补贴政策通过降低节能终端用能产品的初始成本，引导居民促进低碳消费。我国大多数节能财政补贴都流向了相应的企业生产，居民获得的财政补贴并不多，导致节能低碳理念无法深入人心，节能减排效果无法实现，因此，建立消费侧合理、公平的能源补贴机制至关重要。我国《节约能源法》第五章税收政策和财政补贴等经济激励型法律机制主要是针对用能单位节能技术的推广，居民侧经济激励型法律机制主要包括第六十六条引导居民节能的价格政策，第六十七条对于居民节能行为以及检举行为的表彰和奖励，但这些经济激励条款都是倡导性规定，缺少配套的节能奖励标准、形式和具体的激励措施。因此，建议制定符合我国基本国情的补贴制度以及实施规则。具体而言，鼓励居民使用清洁能源和再生能源的产品予以一定额度的补贴；关注居民住宅节能减排，对于符合节能低碳建筑标准的居民给予相应的补贴；完善建筑能效标识以及碳标识制度相应的补贴政策，引导居民住房理性消费，激励居民使用节能低碳终端用能产品。

国外的节能补贴制度在居民节能立法方面得到了普遍适用，如美国于2005 年颁布的《能源政策法》制定了详细的补贴制度来调动居民节能减排的积极性，推出了 13 亿美元的居民节能消费优惠预算方案，鼓励居民安装使用太阳能等，凡是安装家用太阳能热水器和发电设施的居民可以获得最多 2000 美元的补贴待遇。此外，该法案第二部分第二百三十一条（b）款第（2）项中明确规定使用保暖防寒材料的居民住宅可以获得 800 美元的补助（于杰和刘颖，2018）[89]。2002 年，荷兰提出低碳消费鼓励卡计划，居民购买绿色低碳产品时可以积累低碳点值，所得点值可以用于购买低碳产品并获得折扣。英国通过财政补贴制度鼓励居民采用太阳能、风能电器，并通过能源折扣计划向低收入居民提供资助。日本于 1998 年修改的《节约能源法》第八十二条规定，运用财政、金融以及税制等经济激励性法律机制促进居民能源的合理使用，其中包括每年安排 380 亿日元，用于补贴居民高效能源管理系统、节能热水器等（于文轩，2015）[307]。2008 年，日本经济产业省实施《凉爽地球能源创新技术计划》，对于购买太阳能家电的居民给予一定的经济补助，对更换节能冰箱、空调的用户补贴 5000 日元/台（宋寒亮和王宏，2015）[85]。此外，对于购买节能低碳商品的居民返还"环保积分"，所获得积分可用于兑换消费券（陈志恒，2009）[311]。各国的补贴制度帮助居民降低用能成本，不仅可以保障居民的基本生活用能，而且有效地减少电力能源消费和碳排放。

我国应设立专项资金对低碳产品进行补贴，将相关补贴制度纳入《能源效率标识管理办法》、《节能低碳产品认证管理办法》，通过财政补贴降低节能低碳产品销售价格，提高节能低碳产品的市场竞争力。居民购买带有能效标识和碳标识的产品后，政府予以一定金额的财政补贴，不仅可以主动引导居民选购碳标识产品，培养低碳消费的习惯，也可以实现居民消费端低碳、绿色、环保理念的转变，起到绿色低碳宣传示范效应。

我国的节能补贴制度对于引导居民的绿色低碳行为起到了积极的作用，但也存在补贴依据与标准不完善、补贴对象与环节不合理、违法成本低、监管体系不完善、补贴程序不合理、宣传不到位等问题。因此，首先需要强化补贴立法，细化补贴规定，对补贴的具体内容、标准、程序、监督等方面进行规定，形成上下位一体的补贴法律体系；进一步划分政府职能，通过简政放权将具体的政策实施下放到各个地方政府，授权地方政府制定符合本地实际情况的补贴政策，保证补贴政策的有效实施和监管，进而提高政策的执行效率。适当地优化居民补贴的中间过程，简化相关程序，提升居民参与节能减排的积极性。强化补贴双方的义务规定以及责任制度，完善处罚机制，对于违法行为施以制裁。针对补贴政策过程中的"骗补"行为，建立完善的政策执行检查与监督机制，提高违规成本，降低政府对其检查和后续监管等的行政执行成本。其次推行政策的信息化、规范化和流程化。将补贴政策制定、实施以及补贴资金使用情况等信息公开，通过实时监控提高政策的执行效率。通过补贴政策管理流程的信息化提高居民对于补贴政策的认知度，通过补贴政策管理流程的规范化、信息化降低政策执行的行政成本与监管成本。进一步加大补贴政策的宣传力度，进而提高居民低碳消费的意识，确保补贴政策落到实处。

实证研究表明，不同类型的居民对价格的敏感度也有所不同，他们愿意为节能终端用能设备支付的费用也大不相同。补贴制度是为了保证低收入居民的基本生活用电，普遍补贴制度使得高收入居民受益较大，而不能保障低收入居民的基本需求，加剧了居民生活用能消费的不公平。因此，补贴制度可以针对不同类型的居民设计不同数量的补贴，保障低收入群体的基本需求。针对弱势居民和低收入居民量身定制补贴制度，改善其能源效率，激励其减排行为。我国家电下乡推广政策并不局限于节能家电，农村发展节能家电的市场潜力巨大，因此，建议今后只对能效1级（最高效）的家电进行补贴，并提高补贴规模，以满足农村地区的市场需求，确保能效标识制度和补贴政策的执行。

推行以碳积分为核心的碳普惠制度，碳积分通过正向激励机制一方面降低低碳产品以及低碳消费成本，另一方面激励居民积极参与碳减排，通过公众参与深化居民对气候变化的认识。韩国以碳积分为核心的碳普惠制度在引导居民节约用电等方面起到了积极的作用。目前，我国已有广东、成都、江西等11个省市推行碳普惠制度并获得初步进展，结合国内外的碳普惠实践经验，明确碳普惠制度的法律地位，出台符合地方特色的碳普惠配套实施细则，明确居民的权利、义务和法律责任，调动居民参与低碳发展的积极性。

积极推动低碳产品的公共采购，引导居民优先采购绿色低碳产品。我国于 2003 年颁布实施的《政府采购法》第九条与 2015 年施行的《政府采购法实施条例》第六条，明确提出政府采购要有利于节约能源和保护环境的要求。但是一方面对于绿色采购方面的规定较少，另一方面规制的主体主要是政府，没有对处于低碳消费核心位置的居民进行引导。2009 年英国出台的《居民排放（气候变化）议案》，该议案引导居民在消费领域减少碳排放、进行低碳消费，设定 2050 年居民二氧化碳排放目标。2002 年，日本制定并实施了《绿色采购法》，绿色采购的主体不仅包括中央政府、地方政府及社会团体，还包含企业与居民，规定居民有责任进行绿色采购，引导人们的消费行为朝着有利于节约能源、降低碳排放的方向转变。因此，应运用法律手段规范居民的消费行为，明确居民的低碳消费责任，制定居民低碳采购指导手册和网络建设，为居民的低碳消费行为提供有效的法律保障，引导居民优先选择绿色低碳的产品。

（二）完善居民能源价格法律机制

能源价格法律机制是通过改变消费的成本来引导居民消费的制度，虽然目前针对居民实施了峰谷分时电价、季节性电价，但这些措施对于居民节约能源的作用有限。根据前文的实证分析，只能约束那些重视能源价格的人，随着人口数量的增加、居住面积的增大、家用电器的增加以及人均可支配收入的增加，居民用电量也在不断增加，当人均可支配收入的涨幅大于电价涨幅时，阶梯电价制度的节约能源效果很难实现。此外，电费支出占收入比例小以及用电的刚性需求等弱化了居民的节约用电意识。因此，需要进一步完善与优化居民阶梯电价制度，科学设定阶梯电价和电量，如根据居民的实际用电分布、收入水平以及消费支出等情况相应地调整电价的分档次数和分档电量，根据各个地区的具体情况如地理环境、气候变化以及能源拥有量自主调节分档次数。此外，各地政府根据居民的收入水平以及用电需求，动态调整每档电量的分界点，设置合理的调整标准与周期。进一步优化阶梯电价加价幅度，合理设置每一档电价，根据居民收入水平以及社会的用电结构，适当提高高档阶梯电价，拉大不同阶梯之间的价格差距，使居民感知用电量变化引起的电价变化，引导居民合理用电。根据前述分析而知，峰谷分时电价政策有利于阶梯电价制度的普及，因此，推进阶梯电价制度与峰谷分时电价政策的同时运行，在保障居民基本用电需求的基础上，适当降低低谷时段电价的同时提高高峰时段的电价，提高电力资源配置效率的同时提高居民的节约用电意识。具体而言：

1. 进一步优化阶梯电价结构，适当提高高档阶梯价格

居民的用电需求会随着生活水平的提高而发生变化，需要对阶梯价格根据居民收入变化、消费支出特点以及全社会的用电结构建立定期调整机制，增强阶梯电价制度的灵活性和科学性。进一步优化阶梯电价加价幅度，拉大第一档电价、第二档电价以及第三档电价之间的价格差距。在居民阶梯电价改革过程中，各档之间的电价差距越大，电力价格弹性增加，居民能够注意到用电量变化引起的电价变化，越能激励居民调整日常的用电习惯来减少电力消费。因此，通过进一步扩大现行居民阶梯电价制度中各档电价之间的差距，对电力消耗较少的低收入阶层收取基准值较低的电价来保障其基本生活用电需求。同时拉开中、高等收入阶层的电价档次，对电力消耗较高的高收入阶层收取较高的电价来引导居民增强节电意识，使节能成为自觉行动，增强阶梯电价制度的节能减排效应。此外，加大阶梯电价制度的宣传力度，部分居民认为阶梯电价制度是抬高电价的一项政策措施，通过宣传阶梯电价的相关知识有助于消除居民对"变相涨价"的误解，缓解阶梯电价改革政策与居民之间的紧张关系，同时有助于促进居民改变低效和过度的用电模式。政府在制定阶梯电价制度的相关参数时，还应考虑本地的经济发展水平、居民收入水平和承受能力以及家庭人口特点，根据不同城乡、不同地区、不同收入阶层的特点，因地制宜地实施更符合效率与公平的居民阶梯电价制度。

2. 阶梯电价制度认知对居民的节电行为有显著影响

整体而言，居民对阶梯电价制度越了解，越能够促进居民节约用电。

居民阶梯电价制度的目的之一是通过能源价格手段促进居民养成合理的用电习惯，培养节能减排的意识。尽管大部分省份都已经实施阶梯电价制度，但本书结果表明，仍有48.8%的居民并不知晓该制度，尤其是对制度细则的知晓度普遍不高。居民只有充分了解阶梯电价制度，才能正确认知阶梯电价改革的意义，也才能在日常生活中根据电价以及节能意识调整自己的用能行为，从而实现阶梯电价的政策效应。因此，政府可以通过多种手段如电视广告、手机信息推送、网络平台、社区活动等方式加大阶梯电价制度的宣传力度，建立信息沟通平台及时解答居民对于阶梯电价制度的相关疑问，向居民寄送电费账单的同时告知居民阶梯电价制度的相关信息，强化居民对政策的认知，这样居民可以更好地理解阶梯电价制度的内涵，产生内在动力，确保节电行为的有效性和持久性。

3. 在构建阶梯电价制度认知的过程中应考虑居民的个体异质性

节能低碳知识的宣传以及节能低碳家电的推广不仅可以改变浪费用电习惯，提高节约用电意识，也有利于减少居民的电费支出，从而降低二氧化碳的排放。政府应加大对节能产品的推广，如进一步推进能效标准和标识制度，实施节能产品惠民工程等措施将引导居民的节能低碳产品的购买。此外，居民的日常节能行为可以提高阶梯电价制度认知度，在实施阶梯电价制度的同时开展日常节电宣传活动，强调日常节电行为在缓解气候变化中的重要性，同时提供用电状况的实时反馈等。根据居民的个体异质性识别政策认知薄弱的群体，对受教育程度低的居民，要采取针对性、个性化的政策宣传，提高对阶梯电价制度的理解和认知，进一步挖掘居民节电潜力。此外，在完善阶梯电价制度的同时，进一步推广峰谷分时电价制度。前文实证分析表明，执行峰谷电价的居民对阶梯电价制度的认知度更高。峰谷分时电价制度的推广也能在一定程度上强化阶梯电价制度。因此，在阶梯电价制度的基础上，积极推进峰谷分时电价制度。

三、完善引导与自愿参与型法律机制

（一）建立节能目标与用能信息相结合的信息机制

引导与自愿参与型法律机制效应分析研究结果表明，提供有效的能源消费信息能够有效促进居民的节能行为。政策制定者越来越多地将信息反馈作为法律机制，推进居民节能低碳消费行为的实现。日本于 2002 年颁布的《能源政策基本法》第十四条规定，国家应积极公开能源相关信息，努力完善相关政策措施以增加居民节约用能的知识，形成合理利用能源的观念和认知，深化居民对能源的理解和关心（杨翠柏，2009）[315]。欧盟于 2006 年发布了《终端效率和能源服务指令（2006/32/EC）》（能源服务指令）要求成员国提供信息反馈。丹麦规定了向居民提供电费账单的法律义务。瑞典颁布法令要求从 2009 年 7 月起，为所有居民提供智能电表的每月电费账单（Fischer，2008）[150]。2009 年，美国政府拨款超过 40 亿美元用于安装智能电表，鼓励公用事业公司向居民提供其能源消费信息（Chopra，2011）[283]。各国的信息反馈制度有利于刺激居民采取节能的低碳行为，推动居民低碳消费习惯的养成。

现阶段，我国通过抄表员或者电力消费账单的方式获取能源消费信息的机制对居民的节能行为产生了积极的影响。然而由于智能电表的推广范围较小以及居民缺乏对智能电表信息反馈的相关知识，智能电表对居民节约能源及减少碳排放的引导作用有限，但可以通过培训和教育推广计划来促进智能电表对居民节能行为的引导。由于用电信息传递的不对称性和不完善性阻碍了居民对当前用能情况的认知，所以应挖掘信息反馈制度对居民节能减排的作用，构建居民用能和碳排放信息反馈制度。

首先，居民生活能源消费以及碳排放真实数据的统计可以用于政策研究和政策效应评估，以保证政策的科学性、合理性和可行性。其次，政府通过给予居民能源信息和碳排放信息反馈，解决能源信息传递的不完善性和不对称性，提高居民对自己能源消费和二氧化碳排放的认知度，激励居民的节能减排行为。最后，信息反馈制度可以通过发挥历史对比心理、社会对比心理的正向引导及时反馈居民、邻里之间节能减排成效的比较信息，为居民提供可参考的群体节能信息，促进居民自我监督，引导居民形成能为社会做出更多低碳贡献的竞争意识，营造良好的节能减排社会风气。

因此，地方政府和用能管理部门可以从实际出发，根据地方经济社会发展状况以及居民生活水平，建立规范且容易操作的居民用能信息定期信息反馈以及智能电表等实时信息反馈管理体系，通过互联网、手机 App、短信、语音电话等系统化的信息服务模式，高效即时地将居民的历史用能信息、邻居的用能信息、节能减排的知识和建议进行反馈，增强居民对自己节约能源与降低二氧化碳排放结果的感知，推动居民反思自己的能源消费行为并设定自己的节能目标。同时，在反馈用能信息的基础上，可以将居民的节约能耗信息转换成对应的气候贡献信息，即居民当期节能量对应的二氧化碳减排量，使居民不仅能够知晓自身的能源消耗信息，而且直观地了解自身能源消耗情况对气候变化的影响，增加居民对自身能源消耗行为与应对气候变化贡献之间的直接关联性，使居民了解低碳消费的意义，推动居民参与节能减排的自觉性。此外，应定时提供信息反馈，以保持信息反馈的效果，固化居民的低碳行为，推动居民低碳消费习惯的养成。

此外，引导与自愿参与型法律机制要加强信息反馈宣传的力度，通过新闻、广播、网络等传播媒介传递居民个人以及家庭节能减排贡献力的信息，增强对居民节能低碳行动产生正面效用的宣传教育，通过榜样示范开展典型低碳个人或示范家庭活动，发挥榜样示范的作用，使居民对自身节能低碳行动的正面效果形成确信，进而增强居民进行低碳行动的内在动力。可以通过电视、广播以及互联网等大众传媒、社区活动等方式就个人节能低碳行为如何影响整体气候环境的数据、案例等进行宣传推广，使得居民了解节能低碳消费行为的意义。同时，加强二氧化碳排放对气候变化产生不利影响的警示教育。根据行为经济学的损失规避理论，促进居民节能减排意识和行为的最有效措施是将居民的注意力集中到浪费能源与高碳消费所引发的严重后果。针对浪费能源以及过度消费的行为予以曝光以及舆论批评，引导与自愿参与型法律机制应特别注重警示因居民浪费能源以及排放二氧化碳所引发的严重危害。例如，全球性生态环境恶化所带来的各种疾病和自然灾害以及未来承担更大更严的法律责任，充分运用引导与自愿参与型法律的警示教育机制，激发居民节约能源与降低二氧化碳排放的潜力，进而形成节能低碳的良好社会风气。

（二）推进低碳教育立法引导居民低碳行为

坚持低碳发展，可以通过制定低碳战略规划、建设低碳基础设施等措施来实现，但前提是所有居民都具有一定的低碳意识，而这主要依靠教育。对这一点，国际社会早已形成共识，如 1992 年世界环境与发展大会通过的《21 世纪议程》明确指出，"教育对于促进可持续发展和提高人民解决环境与发展问题的能力至关重要"，联合国教科文组织于 1996 年发布的《教育的使命》也强调指出："教育在解决这些人类困境问题——人口剧增、环境恶化、资源浪费和日益短缺的过程中举足轻重。"这表明低碳教育可以有力推动低碳发展。增强居民的节能意识可以使居民意识到气候变化所带来的环境危机，培养生态化人格的居民，主动承担居民降低碳排放的责任，进而将节能低碳的环保意识转化为实际行动，从而推动整个国家碳中和目标的实现。因此，增强居民的节能低碳意识是低碳发展实践的主要决定因素。

美国、巴西、日本、韩国以及菲律宾均出台了专门的低碳教育立法推进其环境保护和低碳可持续发展，美国、巴西、日本、韩国还设立了专门的管理机构与经费保障机构或组织助力低碳教育法的贯彻实施，这些国家的立法实践为低碳教育工作起到了保驾护航的作用。我国推进全方位低碳发展，需要尽快出台专项低碳教育立法，以专章或专节的形式明确规定居民生活用电碳排放的相关内容，对居民节约能源、减少二氧化碳排放和法律宣传教育提供法律化的引导。

确立以环境保护和低碳发展意识教育为核心的低碳教育理念，首先是设立低碳教育机构，形成全社会参与的互动格局。低碳教育需要有专门的管理部门，应在教育部下设专门机构，全权管理低碳教育事务，统一领导、统一规划、统一组织实施低碳教育工作，并会同环境生态部等相关部门分工协作，相互配合，形成低碳教育工作合力，构建权责清晰、合作统一的低碳教育管理体制。促进低碳教育，仅依靠政府是不够的，应动员全社会力量，发挥各层级主体能动性，形成政府、企业、社区、家庭和个人全方位参与互动的低碳教育格局。

其次是建立健全低碳教育监管与评价制度，建立一套适用的低碳教育评价体系，可以有效监督各地各部门开展低碳教育工作，防止低碳教育的形式主义，并统一评价尺度，以促进低碳教育的推广普及。根据低碳教育评价体系，设立低碳教育监督委员会，对全国范围内的低碳教育实施情况进行总体监督，利用大数据将政府、企业、家庭、社区以及个体的碳排放行为信息公开，定期向国务院报告低碳教育质量状况、低碳教育法实施情况以及改善低碳教育和培训的建议。

构建全民低碳教育体系，为推动促成政府引领下全民参与的低碳教育机制，低碳教育立法应明确立法对象为全体居民，其中，以中小学、幼儿园和高校为低碳教育主阵地，并将各级领导干部、教师、企业管理者、媒体人员等群体列为低碳教育重点对象；此外，低碳教育立法还应对环保NGO、社区等单位开展低碳教育提出具体要求。

保障低碳教育人才培训和资金制度。通过实行低碳教育人才培训制度和资格认证制度推进低碳教育工作。定期对各级政策决策者、教师、企业管理者、媒体人员进行岗位培训，不断更新他们的知识系统，如学习环境法、清洁生产、环境管理体系以及二氧化碳排放总量控制等内容。低碳教育立法的有效实施有赖于充足的经费保障，可以通过建立低碳教育专项拨款、低碳教育奖励金及低碳教育基金等制度明确财政支持要求，为低碳教育活动提供相应的经费保障、技术指导、效果评估及过程监管。

在气候问题日趋严峻、全社会倡导低碳发展的大背景下，推进低碳教育是改善或解决环境问题、促进低碳发展的重要手段之一，将低碳教育纳入法治轨道是我国生态文明法治建设的重要内容，也是全方位推进低碳发展的客观要求。低碳教育作为一项投入少、收益高、可持续的环境治理工具，通过对其专项立法，对提升广大民众的日常生产生活质量，对社会乃至整个国家的低碳教育法律规范体系的建立健全都将起到极大的推动作用。

四、小结

本章探讨了从命令控制型、经济激励型以及引导与自愿参与型三个维度完善我国居民生活用电碳减排法律机制。首先，完善命令控制型法律机制，居民节约能源的法律机制是构建居民生活用电碳减排法律机制的重点内容，因此，基于现有《节约能源法》框架下构建居民节约能源专门法律机制，将其纳入现行节能减排法律体系。此外，在现行环境、能源和资源等相关法律中增加居民生活用电碳排放的相关内容，推动居民节能和减排的协同效应。制定严格的能效标准与标识制度，推进低碳产品标识制度以及认证制度的强制性，同时扩大现有认证的涵盖范围。协同能源效率标识和低碳产品标识制度，推进《节能低碳产品认证管理办法》和《能源效率管理办法》的衔接。其次，完善经济激励型法律机制，设计符合居民能源节约路径的补贴制度以及实施细节；鼓励居民使用清洁能源和再生能源予以一定额度的补贴；关注住宅节能减排、完善能效标识以及绿色低碳建筑标识相应的补贴政策，激励居民使用节能电器以及选购绿色低碳建筑等。

继续完善阶梯电价制度，推进阶梯电价制度与峰谷分时电价政策的同时运行。最后，完善引导与自愿参与型法律机制，需要建立节能目标与用能信息相结合的信息反馈机制以及推进低碳教育立法以激发居民的低碳行为。

第六章

结论与展望

一、研究结论

我国现行碳减排法律制度的研究多集中于供给侧企业为主体的生产行为，对需求侧居民能源消费以及碳减排法律机制的研究较少。但是，随着居民收入水平的提高以及消费模式的转变，我国居民电力能源消费的需求量持续增加，居民高能耗的消费模式已成为国内碳排放新的增长点，居民碳排放量的增长速度已经超过了企业碳排放量的增长速度，成为应对气候变化需要重点关注的领域。因此，需要切实有效的制度对居民生活用电的碳排放行为进行规制。本书从法学与经济学双重视角对居民生活用电碳减排的实施路径进行分析，通过运用计量经济学模型定性与定量方法对我国现行居民生活用电碳减排法律机制，重点围绕命令控制型、经济激励型、引导与自愿参与型三个维度进行了梳理和评估，得出以下结论：

第一，居民生活用电碳排放的法律规制是一个综合性的系统工程。整体而言，规制居民生活用电碳排放的法律机制种类和数量较少，且效力等级低下；行政法规、部门规章以及政策性文件内容碎片化、结构模糊、权威性不足。具体而言，我国碳减排法律机制大多关注政府、生产者，对于居民的碳排放行为规制关注不足。命令控制型法律机制对居民生活用电碳减排仅作出了原则性、倡导性的规定，规制手段较为单一。行政法规、行政规章、地方性法规等，都因为缺乏具体性和可操作性而形如空文。居民生活用电碳减排经济激励型法律机制分散，难以形成激励合力，法律规定缺乏可操作性条款，未制定具体的节能奖励标准和措施，补贴制度监督体系不完善，阶梯电价制度对于居民节约用电引导作用并不显著。引导与自愿参与型法律机制发展缓慢，依靠力量单一，忽视居民的社会自觉，居民参与节能减排的意识淡薄，效果不理想，对居民参与节能减排的规定仍存在不足。

第二，由于信息不对称会引发居民的启发式偏差，使其不愿意投资更节能但初始成本较高的产品，强制性能效标识制度通过可得性启发使得居民在消费过程中给予产品的能效等级很高的权重，从而指导居民的能源消费决策。利用我国综合社会调查的微观数据实证分析能效标准与标识制度以及相应的补贴制度的实施效果，研究发现，能效标准与标识制度和补贴制度可以促进居民节能电器的购买，教育水平与节能家电的实际拥有量呈现正相关，居民的受教育水平越高，购买节能低碳终端用能产品的概率越大。此外，区域变量也是影响节能空调和洗衣机购买的重要影响因素。与东部地区的居民相比，中西部地区的居民对于节能电器的投资不足以及房屋面积较大的居民更愿意选择节能空调。

根据实证结果提出相应的法律完善建议：完善能源效率项目的法律体系，建立健全能效标识监管机制，以授权组建专门的能效标识主管监察机构，并形成与能效标识制度相关的配套制度，进一步完善能效标准制度以淘汰那些耗能高、经济性差的用能产品。同时为了提高能效标识制度的推广，进一步完善与能效相关的补贴制度，提高低碳认证标准，加强对低碳认证、能效标识以及低碳标识的监管，避免出现虚假和寻租问题。通过宣传教育加大能效标识制度的推广普及力度，尤其是强化中西部地区能效标识制度的宣传，提高居民对能效标识制度以及补贴制度的认识。升级能效标识设计以及促进能效标识信息公开，提供节能电器的使用成本、能源效率、二氧化碳排放和补贴制度等方面的比较信息，引导居民的低碳消费行为。

第三，运用断点回归模型评估了居民阶梯电价制度的有效性，研究发现，阶梯电价制度引导居民节电效果有限，无法纠正居民不合理的用电行为；运用回归模型分析了阶梯电价制度认知对于居民节电行为的影响，研究发现，构建正确的阶梯电价制度认知，即提升居民对阶梯电价制度的理解和认识可以有效纠正不合理的用电行为；采用离散选择模型分析居民个体异质性对阶梯电价制度认知的差异，研究发现，收入越高、家庭人口越多、受教育程度越高、节电知识信息越丰富，阶梯电价制度了解程度就越高，选择购置节能产品和注重节能行为的居民以及了解峰谷电价的家庭，对阶梯电价制度更为熟悉，更注重日常的节约用能。

基于实证结果，为优化居民用电提出法律机制建议：进一步优化阶梯电价结构以及阶梯电价加价幅度，拉大第一档电价、第二档电价以及第三档电价之间的价格差距；通过多种手段如电视广告、手机信息推送、网络平台、社区活动等加大对于阶梯电价制度的宣传，提高居民对于阶梯电价制度的理解和认识，促进居民的节约能源以及二氧化碳减排；在构建阶梯电价制度认知的过程中，应考虑居民的个体异质性，有针对性地开展政策普及以及节能宣传，推广节能家电以及日常节能行为促进能效升级，进一步推进峰谷电价制度，促进阶梯电价制度以及峰谷电价制度的有效兼容。

第四，通过运用基于行为经济学理论建立的信息反馈制度测度居民节能减排行为的作用机理。在此基础上，利用我国综合社会调查的微观调查数据，运用倾向得分匹配法，比较了向家庭发送电费账单与安装智能电表对于居民节约用电的效果。结果显示，通过电费账单提供信息可减少约20%的用电量，这是因为发送电费账单的信息反馈可以解决居民的有限理性，最终引导居民节约用电。而通过安装智能电表提供信息反馈，由于缺乏对智能电表信息反馈的相关知识，对家庭节电没有产生积极的影响。虽然智能电表没有改变居民的用电习惯，但可以通过宣传教育来促进智能电表对居民节能行为的引导。

根据研究结果以及文献梳理，提出相应的制度建议：通过电费账单向居民提供信息反馈时应包括自己的能源消费情况、历史的能源使用情况、邻居的能源使用情况、有关节能的知识和建议，这样有利于二氧化碳的减排行为及能源消耗对环境和气候变化的潜在影响。此外，应频繁地提供信息反馈以保持信息反馈的效果。为进一步提升智能电表信息反馈的有效性，需要进一步培训居民对于智能电表的使用，使居民能够实时和方便地通过智能电表获取电费信息，提高智能电表的信息反馈能力。因此，从需求侧管理的角度，重视信息反馈干预措施在引导居民节能和减排中的作用，合理开发引导与自愿参与型的法律机制，促进我国节能减排目标的早日实现。

第五，从命令控制型、经济激励型以及引导与自愿参与型三个维度完善我国居民生活用电碳减排法律机制。首先，完善命令控制型法律机制，构建居民生活用电碳减排的法律基础，基于现有《节约能源法》框架建立健全居民节能和减排的专门法律机制，将其纳入现行节能减排法律体系。此外，在现行环境、能源和资源等相关法律中增加居民生活用电碳减排相关的内容，形成推动居民节能与碳减排协同效应。制定严格的能效标准与标识制度，完善能源效率项目的法律体系，建立健全能效标识监管机制，加大能效标识制度的推广普及力度，尤其是强化中西部地区能效标识制度的宣传，提高居民对能效标识制度的认识。升级能效标识设计以及促进能效标识信息公开，引导居民的低碳消费行为。进一步完善碳标识制度以及认证制度，推进碳标识制度以及认证制度的强制性，同时扩大现有认证的涵盖范围；协同能源效率标识和低碳产品标识制度，推进《节能低碳产品认证管理办法》和《能源效率管理办法》的衔接。其次，完善经济激励型法律机制，设计符合居民能源节约和降低碳排放路径的补贴制度以及实施细节，将相关补贴制度纳入《能源效率标识管理办法》、《节能低碳产品认证管理办法》，通过财政补贴降低节能低碳产品销售价格，提高节能低碳产品市场竞争力。对于居民使用清洁能源和再生能源予以一定额度的补贴；关注住宅节能减排、完善能效标识以及绿色低碳建筑标识相应的补贴制度，激励居民使用低能耗电器以及选购绿色低碳建筑；推行以碳积分为核心的碳普惠制度，积极推动低碳产品的公共采购。继续完善阶梯电价制度，科学设定阶梯电价和电量，推进阶梯电价制度与峰谷分时电价制度的同时运行。最后，完善引导与自愿参与型法律机制，建立节能目标与用能信息相结合的信息反馈机制以及推进低碳教育立法以激发居民的低碳行为。

本书针对居民生活用电低碳化与法律机制进行了较为系统的研究，拓展了我国碳减排法律机制的研究领域。运用经济学和法学相结合的研究方法，有针对性地对居民生活用电碳减排命令控制型法律机制、经济激励型法律机制、引导与自愿参与型法律机制分别展开定性和定量研究，突破了传统、单一的从定性角度研究法律机制的范式，使居民生活用电碳减排法律机制的完善更加务实且具有可操作性。命令控制型法律机制采用居民实际家电购买数据，而非假设性推断，使研究结果更具科学性，经济激励型法律机制通过阶梯电价制度评估、阶梯电价制度认知以及居民异质性三个角度对我国居民阶梯电价制度的实施效果进行评估，得出法律机制的完善需要考虑融入正确的阶梯电价制度认知以纠正居民不合理的用电行为的内容。引导与自愿参与型法律机制关注信息反馈制度对居民降低碳排放的影响，研究结果有助于政府及相关管理部门充分认识不同信息反馈制度在引导居民节能减排中的不同作用。

二、研究局限和未来研究展望

（一）研究局限

第一，受限于数据资料和篇幅，居民生活用电碳减排命令控制型法律机制仅仅选取能效标准与标识制度、经济激励型法律机制仅仅选取阶梯电价制度、引导与自愿参与型仅仅选取信息反馈制度，未来可以选取更多的法律机制进行效应分析，如居民建筑能效标识制度、新能源汽车补贴制度和低碳教育制度等。此外，命令控制型、经济激励型和引导与自愿参与型三种不同制度组合的效应还有待进一步研究。

第二，受限于数据可得性，对命令控制型法律制度效应问题的探讨略显粗放，今后在获取更多微观数据的基础上，可以选取更多样本，不仅关注节能家电，也可以从居民日常的交通、建筑的角度综合考察居民生活用电碳减排制度的效应。

（二）未来研究展望

第一，丰富经济实证分析在居民生活用电碳减排法律机制的应用。对于命令控制型法律制度、经济激励型法律制度和引导与自愿参与型的其他法律制度维度进行研究，拓宽更多法律制度的效应分析。在此基础上，尝试研究不同制度类型、不同干预组合对居民节能以及减排行为的作用效果，进一步运用经济学研究方法对居民的异质性进行有针对性的制度干预，促进居民节约能源以及减少二氧化碳排放。

第二，居民生活用电碳减排法律机制效应的分析，需要不断完善调查数据，增加对交通领域与建筑领域的调查，充实数据的代表性和覆盖面，扩大研究结论的适用范围。由于居民的二氧化碳减排是一个长期的行为过程，横向数据调查不能有效地反映居民生活用电碳排放行为及影响因素作用的动态变化，需要进行纵向的跟踪研究，获取纵向数据则能更稳定地测度居民生活用电碳减排法律机制的有效性。

参考文献

［1］常纪文，田丹宇．应对气候变化法的立法探究［J］．中国环境管理，2021，13（2）：16-19.

［2］凤振华，邹乐乐，魏一鸣．中国居民生活与 CO_2 排放关系研究［J］．中国能源，2010（3）：37-40.

［3］Qun Ding，Wenjia Cai，Can Wang. Impact of household consumption activities on energy consumption in China—evidence from the lifestyle perspective and input-output analysis［J］. Energy Procedia，2017（105）：3384-3390.

［4］王睿，张赫，冯兰萌．中国县域规模结构对居民生活碳排放的影响关系研究——关键要素及代表性指标［J］．现代城市研究，2021（2）：126-132.

［5］刘云鹏，王泳璇，王帆，丁哲，赵文晋．居民生活消费碳排放影响分析与动态模拟预测［J］．生态经济，2017，33（6）：19-22.

［6］徐丽，曲建升，李恒吉，曾静静，张洪芬．中国居民能源消费碳排放现状分析及预测研究［J］．生态经济，2019，35（1）：19-23.

［7］张友国．碳达峰、碳中和工作面临的形势与开局思路［J］．行政管理改革，2021（3）：77-85.

［8］丁烈云．尽快完善碳达峰、碳中和立法，推动我国绿色低碳健康发展［J］．中国勘察设计，2021（3）：18-19.

［9］王宇，王勇，任勇，俞海．中国绿色转型测度与绿色消费贡献研究［J］．中国环境管理，2020，12（1）：37-42.

［10］Hongbo Duan, Gupeng Zhang, Ying Fan, Shouyang Wang. Role of endogenous energy efficiency improvement in global climate change mitigation ［J］. Energy Efficiency, 2017, 10（2）：459-473.

［11］Stephen Yearley. Greens and science：A doomed affair ［J］. New Scientist, 1991（7）：13137.

［12］曾宇容, 王洁. 大学生绿色消费内在机理调查与研究 ［J］. 消费经济, 2009, 25（5）：56-59.

［13］Bradford Mills, Joachim Schleich. What's driving energy efficient appliance label awareness and purchase propensity? ［J］. Energy Policy, 2010, 38（2）：814-825.

［14］张连刚. 基于多群组结构方程模型视角的绿色购买行为影响因素分析——来自东部、中部、西部的数据 ［J］. 中国农村经济, 2010（2）：46-58.

［15］Kristina Ek, Patrik Söderholm. The devil is in the details：Household electricity saving behavior and the role of information ［J］. Energy Policy, 2010, 38（3）：1578-1587.

［16］王建明, 贺爱忠. 消费者低碳消费行为的心理归因和政策干预路径：一个基于扎根理论的探索性研究 ［J］. 南开管理评论, 2011（4）：80-89.

［17］白光林, 李国昊. 绿色消费认知、态度、行为及其相互影响 ［J］. 城市问题, 2012（9）：64-68.

［18］Mehmet Aytekin, Gül Büyükahraz. The Impact of between the environmental interest, concern and sensitivity level and on purchasing behaviour of environmentally friendly product ［J］. International Journal of Business and Economic Development, 2013, 1（3）：37-45.

［19］陈占锋, 陈纪瑛, 张斌, 王坤, 王兆华. 电子废弃物回收行为的影响因素分析——以北京市居民为调研对象 ［J］. 生态经济（中文版）, 2013（2）：178-183.

［20］Tina Mainieri, Elaine-G Barnett, Trisha-R Valdero, John-B Unipan, Stuart Oskamp. Green buying: The influence of environmental concern on consumer behavior ［J］. The Journal of Social Psychology, 1997, 137 （2）: 189-204.

［21］Sami Alsmadi. Green marketing and the concern over the environment: measuring environmental consciousness of Jordanian consumers ［J］. Journal of Promotion Management, 2007, 13 （3-4）: 339-361.

［22］Xiangyu Li, Dayong Zhang, Tong Zhang, Qiang Ji, Brian Lucey. Awareness, energy consumption and pro-environmental choices of Chinese households ［J］. Journal of Cleaner Production, 2021 （279）: 123734.

［23］Bas Verplanken, Rob - W Holland. Motivated decision making: Effects of activation and self - centrality of values on choices and behavior ［J］. Journal of Personality and Social Psychology, 2002, 82 （3）: 434-447.

［24］Carmen Tanner, Sybille Wölfing Kast. Promoting sustainable consumption: Determinants of green purchases by Swiss consumers ［J］. Psychology & Marketing, 2003, 20 （10）: 883-902.

［25］Kaman Lee. Opportunities for green marketing: Young consumers ［J］. Marketing Intelligence & Planning, 2008, 26 （6）: 573-586.

［26］Carla Silva, Marc Ross, Tiago Farias. Analysis and simulation of "low-cost" strategies to reduce fuel consumption and emissions in conventional gasoline light-duty vehicles ［J］. Energy Conversion and Management, 2009, 50 （2）: 215-222.

［27］宗计川, 吕源, 唐方方. 环境态度、支付意愿与产品环境溢价——实验室研究证据 ［J］. 南开管理评论, 2014, 17 （2）: 153-160.

［28］Michael-S Pallak, William Cummings. Commitment and voluntary energy conservation ［J］. Personality and Social Psychology Bulletin, 1976, 2 （1）: 27-30.

［29］Carmen Tanner. Constraints on environmental behaviour ［J］. Journal of Environmental Psychology，1999，19（2）：145-157.

［30］Gert Cornelissen，Mario Pandelaere，Luk Warlop，Siegfried Dewitteb. Positive cueing：Promoting sustainable consumer behavior by cueing common environmental behaviors as environmental ［J］. International Journal of Research in Marketing，2008，25（1）：46-55.

［31］马果，王璇，陈静，张建栋. 城镇消费者节能家电购买行为及影响因素研究［J］. 重庆大学学报（社会科学版），2012，18（6）：36-45.

［32］岳婷，龙如银，戈双武. 江苏省城市居民节能行为影响因素模型——基于扎根理论［J］. 北京理工大学学报（社会科学版），2013（1）：34-39.

［33］谢守红，陈慧敏，王利霞. 城市居民低碳消费行为影响因素分析［J］. 城市问题，2013（2）：53-58.

［34］孙岩，刘富俊. 城市居民能源购买行为影响因素的实证研究［J］. 生态经济，2013（10）：65-67.

［35］贺爱忠，邓天翔. 典型非绿色消费行为形成机理研究［J］. 经济管理，2014，36（1）：77-87.

［36］Myat-Su Han，Dan Cudjoe. Determinants of energy-saving behavior of urban residents：Evidence from Myanmar ［J］. Energy Policy，2020，111405.

［37］ Pam - Scholder Ellen，Joshua - Lyle Wiener，Cobb - Walgren Cathy. The role of perceived consumer effectiveness in motivating environmentally conscious behaviors ［J］. Journal of Public Policy ＆ Marketing，1991，10（2）：102-117.

［38］James-A Roberts，Donald-R Bacon. Exploring the subtle relationships between environmental concern and ecologically conscious consumer behavior ［J］. Journal of Business Research，1997，40（1）：79-89.

［39］王晓红，胡士磊. 气候变化认知、环境效能感对居民低碳减排行为的影响［J］. 科普研究，2021，16（3）：99-106+112.

［40］Yeonshin Kim. Understanding green purchase：The influence of collectivism，personal values and environmental attitudes，and the moderating effect of perceived consumer effectiveness ［J］. Seoul Journal of Business，2011，17（1）：65-92.

［41］Ewa Rokicka. Attitudes toward natural environment：A study of local community dwellers ［J］. International Journal of Sociology，2002，32（3）：78-90.

［42］Ricky-YK Chan. Determinants of Chinese consumers' green purchase behavior ［J］. Psychology & Marketing，2001，18（4）：389-413.

［43］Mohamed-M Mostafa. Gender differences in Egyptian consumers' green purchase behaviour：The effects of environmental knowledge，concern and attitude ［J］. International Journal of Consumer Studies，2007，31（3）：220-229.

［44］王建明. 消费者为什么选择循环行为——城市消费者循环行为影响因素的实证研究 ［J］. 中国工业经济，2007（10）：95-102.

［45］Ulla-A Saari，Damberg Svenja，Frömbling Lena，Christian-M Ringlecd. Sustainable consumption behavior of Europeans：The influence of environmental knowledge and risk perception on environmental concern and behavioral intention ［J］. Ecological Economics，2021（1）.

［46］Michel Laroche，Jasmin Bergeron，Guido Barbaro Forleo. Targeting consumers who are willing to pay more for environmentally friendly products ［J］. Journal of Consumer Marketing，2001，18（6）：503-520.

［47］Elizabeth-S Moore，William-L Wilkie，Richard-J Lutz. Passing the torch：Intergenerational influences as a source of brand equity ［J］. Journal of Marketing，2002，66（2）：17-37.

［48］青平，向微露，张莹，冯娇娇. 中国文化背景下父辈影响子辈绿色产品购买态度的社会化机制研究 ［J］. 中国人口·资源与环境，2013，23（159）：240-243.

［49］ Paul Stern. Toward a coherent theory of environmentally significant behavior ［J］. Journal of Social Issues, 2000, 56 (3): 407-424.

［50］ Arianne-J Van der Wal, Femke van Horen, Amir Grinstein. The paradox of "green to be seen": Green high-status shoppers excessively use (branded) shopping bags ［J］. International Journal of Research in Marketing, 2016, 33 (1): 216-219.

［51］ P-Wesley Schultz, Jessica-M Nolan, Robert-B Cialdini, Noah-J Goldstein, Vladas Griskevicius. The constructive, destructive, and reconstructive power of social norms ［J］. Psychological Science, 2007, 18 (5): 429-434.

［52］ Heinz Welsch, Jan Kühling. Determinants of pro-environmental consumption: The role of reference groups and routine behavior ［J］. Ecological Economics, 2009, 69 (1): 166-176.

［53］ Ai Zhong He, Tom Cai, Tian Xiang Deng, Xue Li. Factors affecting non-green consumer behaviour: An exploratory study among Chinese consumers ［J］. International Journal of Consumer Studies, 2016, 40 (3): 345-356.

［54］ Oliver-E Williamson. The theory of the firm as governance structure: From choice to contract ［J］. Journal of Economic Perspectives, 2002, 16 (3): 171-195.

［55］ Karine Nyborg, Richard-B Howarth, Kjell-Arne Brekke. Green consumers and public policy: On socially contingent moral motivation ［J］. Resource and Energy Economics, 2006, 28 (4): 351-366.

［56］ A-Lans Bovenberg, Sjak Smulders. Environmental quality and pollution-augmenting technological change in a two-sector endogenous growth model ［J］. Journal of Public Economics, 1995, 57 (3): 369-391.

［57］ 黄晋京, 陈静英. 对我国现阶段绿色消费的若干看法 ［J］. 宁德师专学报: 哲学社会科学版, 2002 (1): 8-10.

［58］ Monika Koller, Arne Floh, Alexander Zauner. Further insights into perceived value and consumer loyalty: A "green" perspective [J]. Psychology & Marketing, 2011, 28 (12): 1154-1176.

[59] Patrick Hartmann, Vanessa Apaolaza-Ibáñez. Consumer attitude and purchase intention toward green energy brands: The roles of psychological benefits and environmental concern [J]. Journal of Business Research, 2012, 65 (9): 1254-1263.

[60] 张启尧, 才凌惠, 孙习祥. 绿色资源整合能力, 漂绿行为与企业绩效——恶性竞争的调节中介作用 [J]. 工业技术经济, 2017, 36 (1): 141-145.

[61] 芈凌云. 城市居民低碳化能源消费行为及政策引导研究 [D]. 中国矿业大学博士论文, 2011: 252-257.

[62] 孟艾红. 城市居民低碳消费行为影响因素的实证分析 [J]. 中国城市经济, 2011 (23): 75-78.

[63] 任力, 张越. 低碳消费行为影响因素实证研究 [J]. 发展研究, 2012 (3): 99-105.

[64] 杨波. 郑州市居民对低碳商品的认知状况和消费意愿影响因素分析——基于居民调查数据的实证研究 [J]. 经济经纬, 2012 (1): 122-126.

[65] 陈凯, 李华晶. 低碳消费行为影响因素及干预策略分析 [J]. 中国科技论坛, 2012 (9): 42-47.

[66] 李向前, 王正早, 毛显强. 城镇居民低碳消费行为影响因素量化分析——以北京市为例 [J]. 生态经济, 2019, 35 (12): 139-146.

[67] Chris-T Allen, Roger-J Calantone, Charles-D Schewe. Consumers' attitudes about energy conservation in Sweden, Canada, and the United States, with implications for policymakers [J]. Journal of Marketing & Public Policy, 1982, 1 (1): 57-67.

[68] Johanna Moisander. Motivational complexity of green consumerism [J]. International Journal of Consumer Studies, 2007, 31 (4): 404-409.

［69］John Thøgersen. Country differences in sustainable consumption：The case of organic food［J］. Journal of Macromarketing，2010，30（2）：171-185.

［70］牛桂敏. 发展低碳经济的制度创新思路［J］. 理论学刊，2011（3）：65-68.

［71］W-Kip Viscusi，Joel Huber，Jason Bell. Promoting recycling：Private values，social norms，and economic incentives［J］. American Economic Review，2011，101（3）：65-70.

［72］王建明，王俊豪. 公众低碳消费模式的影响因素模型与政府管制政策——基于扎根理论的一个探索性研究［J］. 管理世界，2011（4）：58-68.

［73］季剑军. 发展我国绿色消费的对策探讨［J］. 消费经济，2012（3）：27-29.

［74］Hossein-Mirshojaeian Hosseini，Shinji Kaneko. Can environmental quality spread through institutions？［J］. Energy Policy，2013（56）：312-321.

［75］杨解君. 中国迈向低碳未来的环境法律治理之路［J］. 江海学刊，2013（4）：122-132.

［76］葛察忠，程翠云，董战峰. 环境污染第三方治理问题及发展思路探析［J］. 环境保护，2014（20）：28-30.

［77］沈晓悦，赵雪莱，刘文佳. 推动我国消费绿色转型的政策思考［J］. 环境与可持续发展，2014，39（2）：12-15.

［78］Tomas-M Koontz，Divya Gupta，Pranietha Mudliar，Pranay Ranjanc. Adaptive institutions in social-ecological systems governance：A synthesis framework［J］. Environmental Science & Policy，2015（53）：139-151.

［79］郭强，相雅芳. 我国可持续消费文化的现实困境及构建［J］. 甘肃社会科学，2015（1）：41-44.

［80］侯璐. 绿色消费理念落地离不开法律保障［J］. 人民论坛，2017（13）：148-149.

［81］刘俊海，叶林. 构建绿色生产和消费法律制度［J］. 农村青少

年科学探究，2018（7）：70.

［82］邓海峰，刘玲利. 低碳经济与能源法的制度构建［J］. 中国环境法治，2009（1）：79-84.

［83］付新华，郑翔. 完善绿色消费法律制度的设想［J］. 北京交通大学学报：社会科学版，2010，9（3）：115-118.

［84］刘画洁. 个人碳排放行为的法律规制——以碳中和理念为中心［J］. 江淮论坛，2012（4）：23-28.

［85］宋寒亮，王宏. 绿色消费视阈下消费者环境责任的法律构建［J］. 经济法学评论，2015，15（1）：193-208.

［86］王冰冰. 低碳消费及其法律体系的构建［J］. 税务与经济，2016（4）：50-53.

［87］施锦芳，李博文. 日本绿色消费方式的发展与启示——基于理念演进、制度构建的分析［J］. 日本研究，2017（4）：56-62.

［88］岳小花. 绿色消费法律体系的构建与完善［J］. 中州学刊，2018（4）：44-49.

［89］于杰，刘颖. 我国公民碳排放规制法律制度探究与构建［J］. 东岳论丛，2018，39（9）：144-150.

［90］Daniel Kahneman. Maps of bounded rationality：Psychology for behavioral economics［J］. American Economic Review，2003，93（5）：1449-1475.

［91］Botond Köszegi，Adam Szeidl. A model of focusing in economic choice［J］. The Quarterly Journal of Economics，2013，128（1）：53-104.

［92］Hunt Allcott. Paternalism and energy efficiency：An overview［J］. Annual Review of Economics，2016（8）：145-176.

［93］Richard-G Newell，Juha Siikamäki. Nudging energy efficiency behavior：The role of information labels［J］. Journal of the Association of Environmental and Resource Economists，2014，1（4）：555-598.

［94］Jonathan-G Koomey，Susan-A Mahler，Carrie-A Webber，James-E McMahon. Projected regional impacts of appliance efficiency standards for the

US residential sector [J]. Energy, 1999, 24 (1): 69-84.

[95] Wei Lu. Potential energy savings and environmental impact by implementing energy efficiency standard for household refrigerators in China [J]. Energy Policy, 2006, 34 (13): 1583-1589.

[96] DEFRA. Behavioral economics & energy using products: Scoping research on discounting behaviour and consumer reference points [R]. London: Department for Environment, Food and Rural Affairs, 2010.

[97] Paul Upham, Leonie Dendler, Mercedes Bleda. Carbon labelling of grocery products: Public perceptions and potential emissions reductions [J]. Journal of Cleaner Production, 2011, 19 (4): 348-355.

[98] Zhaohua Wang, Qingyu Sun, Bo Wang, BinZhang. Purchasing intentions of Chinese consumers on energy-efficient appliances: Is the energy efficiency label effective? [J]. Journal of Cleaner Production, 2019 (238).

[99] Cristian Huse, Claudio Lucinda, Andre Ribeiro Cardoso. Consumer Response to Energy label policies: Evidence from the Brazilian energy label program [J]. Energy Policy, 2020 (138): 111207.

[100] Joachim Schleich, Durand Antoine, Brugger Heike. How effective are EU minimum energy performance standards and energy labels for cold appliances? [J]. Energy Policy, 2021 (149): 112069.

[101] Donglan Zha, Guanglei Yang, Wenzhong Wang, Qunwei Wang, Dequn Zhou. Appliance energy labels and consumer heterogeneity: A latent class approach based on a discrete choice experiment in China [J]. Energy Economics, 2020 (90): 104839.

[102] Caroline Oates, Seonaidh McDonald, Panayiota Alevizou, Kumju Hwang, William Young, Leigh-Ann McMorland. Marketing sustainability: Use of information sources and degrees of voluntary simplicity [J]. Journal of Marketing Communications, 2008, 14 (5): 351-365.

[103] C Egan, C-T Payne, J Thorne. Interim findings of an evaluation of

the U. S. EnergyGuide label ［R］. Office of Scientific & Technical Information Technical Reports，2000.

［104］Massimo Filippini，Lester－C Hunt，Jelena Zorič. Impact of energy policy instruments on the estimated level of underlying energy efficiency in the EU residential sector ［J］. Energy Policy，2014（69）：73－81.

［105］Steven－C Hayes，John－D Cone. Reducing residential electrical energy use：Payments，information，and feedback ［J］. Journal of Applied Behavior Analysis，1977，10（3）：425－435.

［106］Trudy－Ann Cameron. A nested logit model of energy conservation activity by owners of existing single family dwellings ［J］. The Review of Economics and Statistics，1985，67（2）：205－211.

［107］James－E Long. An econometric analysis of residential expenditures on energy conservation and renewable energy sources ［J］. Energy Economics，1993，15（4）：232－238.

［108］Peter－H－G－Berkhout Muskens. The expost impact of an energy tax on household energy demand ［J］. Energy Economics，2004（26）：297－317.

［109］Easwar－S Iyer，Rajiv－K Kashyap. Consumer recycling：Role of incentives，information，and social class ［J］. Journal of Consumer Behaviour：An International Research Review，2007，6（1）：32－47.

［110］Roger－W Amstalden，Michael Kost，Carsten Nathani，Dieter－M Imboden. Economic potential of energy－efficient retrofitting in the Swiss residential building sector：The effects of policy instruments and energy price expectations ［J］. Energy Policy，2007，35（3）：1819－1829.

［111］Eleni Sardianou. Estimating energy conservation patterns of Greek households ［J］. Energy Policy，2007，35（7）：3778－3791.

［112］刘彬，朱庆华，蓝英. 绿色采购下供应商评价指标体系研究［J］. 管理评论，2008，20（9）：20－25.

［113］贺爱忠，盖延涛，李韬武. 农村居民低碳消费行为影响因素的

实证研究 [J]. 安全与环境学报, 2011, 11 (5): 138-143.

[114] 朱婧, 孙新章, 刘学敏, 宋敏. 中国绿色经济战略研究 [J]. 中国人口·资源与环境, 2012, 22 (4): 7-12.

[115] Youngsang Cho, Yoonmo Koo, Sung-Yoon Huh, Misuk Lee. Evaluation of a consumer incentive program for an energy-efficient product in South Korea [J]. Energy Efficiency, 2015, 8 (4): 745-757.

[116] S Datta, M Filippini. Analysing the impact of ENERGY STAR rebate policies in the US [J]. Energy Efficiency, 2016, 9 (3): 677-698.

[117] 封亚琴, 钱希兹. 居民电价与节能关系探新 [J]. 电力需求侧管理, 2009, 11 (5): 61-63.

[118] Wayne Shirley, Jim Lazar, Frederick Weston. Revenue decoupling: Standards and criteria [R]. Report to the Minnesota Public Utilities Commission. Regulatory Assistance Project: Gardiner, ME. June, 2008.

[119] Erkan Erdogdu. The impact of power market reforms on electricity price-cost margins and cross-subsidy levels: A cross country panel data analysis [J]. Energy Policy, 2011, 39 (3): 1080-1092.

[120] Boqiang Lin, Zhujun Jiang. Designation and influence of household increasing block electricity tariffs in China [J]. Energy Policy, 2012 (42): 164-173.

[121] 王睿淳, 孙晓菲, 薛松, 李娜, 曾鸣. 居民阶梯电价指导意见下的不同定价方案分析 [J]. 水电能源科学, 2013, 31 (1): 215-218.

[122] 孙传旺. 阶梯电价改革是否实现了效率与公平的双重目标? [J]. 经济管理, 2014 (8): 156-167.

[123] Chuanwang Sun. An empirical case study about the reform of tiered pricing for household electricity in China [J]. Applied Energy, 2015 (160): 383-389.

[124] Niall Farrell, Seán Lyons. Who should pay for renewable energy? Comparing the household impacts of different policy mechanisms in Ireland

[J]. Energy Research & Social Science，2015（7）：31-42.

[125] 俞秀梅，王敏. 阶梯电价改革对我国居民电力消费的影响——基于固定电表月度面板数据的研究 [J]. 经济学（季刊），2020，76（2）：345-370.

[126] 菲利普·津巴多，迈克尔·利佩. 态度改变与社会影响 [M]. 人民邮电出版社，2007：98-110.

[127] Robert-E Slavin，John-S Wodarski，Bernard-L Blackburn. A group contingency for electricity conservation in master-metered apartments [J]. Journal of Applied Behavior Analysis，1981，14（3）：357-363.

[128] Wokje Abrahamse，Linda Steg，Charles Vlek，Talib Rothengatter. A review of intervention studies aimed at household energy conservation [J]. Journal of Environmental Psychology，2005，25（3）：273-291.

[129] C Egmond，R Jonkers，G Kok. A strategy to encourage housing associations to invest in energy conservation [J]. Energy Policy，2005，33（18）：2374-2384.

[130] Vera Brenčič，Young Denise. Time-saving innovations，time allocation，and energy use：Evidence from Canadian households [J]. Ecological Economics，2009，68（11）：2859-2867.

[131] José-M Cansino，María-Del-P Pablo-Romero，Rocío Román，Rocío Yñiguez. Promoting renewable energy sources for heating and cooling in EU-27 countries [J]. Energy Policy，2011，39（6）：3803-3812.

[132] 尹洁林，葛新权，郭健. 大学生电子垃圾回收行为意向的影响因素研究 [J]. 预测，2012，31（2）：31-37.

[133] Zhaohua Wang，Xiaomeng Wang，Dongxue Guo. Policy implications of the purchasing intentions towards energy-efficient appliances among China's urban residents：Do subsidies work？ [J]. Energy Policy，2017（102）：430-439.

[134] 牛文琪，史安娜. 基于 ELES 的阶梯电价影响研究 [J]. 商业

研究，2013，55（2）：109-114.

［135］ Gang Du，Wei Lin，Chuanwang Sun，Dingzhong Zhang. Residential electricity consumption after the reform of tiered pricing for household electricity in China［J］. Applied Energy，2015（157）：276-283.

［136］伍亚，张立. 阶梯电价制度的居民节能意愿与节能效果评估——基于广东案例的研究［J］. 财经论丛，2015（9）：98-104.

［137］吴立军，张明. 阶梯电价改革的节能及电企收益效果研究——基于广东省数据的实证分析［J］. 价格理论与实践，2015（8）：29-31.

［138］伍亚，李今平，张立. 阶梯电价制度节能效果的差异性分析——基于广东省调查数据的分析［J］. 价格理论与实践，2015（7）：31-33.

［139］ Nina Zheng Khanna，Jin Guo，Xinye Zheng. Effects of demand side management on Chinese household electricity consumption：Empirical findings from Chinese household survey［J］. Energy Policy，2016（95）：113-125.

［140］刘思强，叶泽，吴永飞，刘轶，张立岩. 减少交叉补贴的阶梯定价方式优化研究——基于天津市输配电价水平的实证分析［J］. 价格理论与实践，2017（6）：58-62.

［141］ JR-Brent Ritchie，Gordon-HG McDougall. Designing and marketing consumer energy conservation policies and programs：Implications from a decade of research［J］. Journal of Public Policy & Marketing，1985，4（1）：14-32.

［142］ Jamal-O Jaber，Rustom Mamlook，Wa-El Awad. Evaluation of energy conservation programs in residential sector using fuzzy logic methodology［J］. Energy Policy，2005，33（10）：1329-1338.

［143］ Paul-G Harris. Environmental perspectives and behavior in China：Synopsis and bibliography［J］. Environment and Behavior，2006，38（1）：5-21.

［144］ Peter-C Reiss，Matthew-W White. What changes energy consumption? Prices and public pressures［J］. The RAND Journal of Economics，2008，

39（3）：636-663.

［145］Linda Steg. Promoting household energy conservation ［J］. Energy Policy，2008，36（12）：4449-4453.

［146］Per Gyberg，Jenny Palm. Influencing households' energy behavior-how is this done and on what premises ［J］. Energy Policy，2009，37（7）：2807-2813.

［147］Jinlong Ouyang，Kazunori Hokao. Energy-saving potential by improving occupants' behavior in urban residential sector in Hangzhou City，China ［J］. Energy and Buildings，2009，41（7）：711-720.

［148］Mohamed-A Mahmoud，Ali-F Alajmi. Quantitative assessment of energy conservation due to public awareness campaigns using neural networks ［J］. Applied Energy，2010，87（1）：220-228.

［149］郭琪，樊丽明. 城市家庭节能措施选择偏好的联合分析——对山东省济南市居民的抽样调查 ［J］. 中国人口·资源与环境，2007，17（3）：149-153.

［150］Corinna Fischer. Feedback on household electricity consumption：A tool for saving energy？ ［J］. Energy Efficiency，2008，1（1）：79-104.

［151］Magali-A Delmas，Miriam Fischlein，Omar-I Asensio. Information strategies and energy conservation behavior：A meta-analysis of experimental studies from 1975 to 2012 ［J］. Energy Policy，2013（61）：729-739.

［152］Beth Karlin，Joanne-F Zinger，Rebecca Ford. The effects of feedback on energy conservation：A meta-analysis ［J］. Psychological Bulletin，2015，141（6）：1205-1227.

［153］芈凌云，杨洁，俞学燕，杜乐乐. 信息型策略对居民节能行为的干预效果研究——基于 Meta 分析 ［J］. 软科学，2016，30（4）：89-92.

［154］Mehdi Nemati，Jerrod Penn. The impact of information-based interventions on conservation behavior：A meta-analysis ［J］. Resource and Energy

Economics, 2020 (62): 101-201.

[155] Desley Vine, Laurie Buys, Peter Morris. The effectiveness of energy feedback for conservation and peak demand: A literature review [J]. Open Journal of Energy Efficiency, 2013, 2 (1): 7-15.

[156] Sarah Darby. The effectiveness of feedback on energy consumption A Review for DEFRA of the Literature on Metering, Billing and direct Displays [R]. Environmental Change Institute, University of Oxford, Oxford, UK, 2006: 1-21.

[157] Ehrhardt-Martinez Karen, Kat-A Donnelly, Skip Laitner. Advanced metering initiatives and residential feedback programs: A meta-review for household electricity-saving opportunities [R]. American Council for an Energy-Efficient Economy, Washington, DC, 2010.

[158] Jessica Henryson, Teresa Håkansson, Jurek Pyrko. Energy efficiency in buildings through information-Swedish perspective [J]. Energy Policy, 2000, 28 (3): 169-180.

[159] Maria Gleerup, Anders Larsen, Soren Leth-Petersen, Mikael Togeby. The effect of feedback by text message (SMS) and email on household electricity consumption: Experimental evidence [J]. The Energy Journal, 2010, 31 (3): 113-132.

[160] James Carroll, Seán Lyons, Eleanor Denny. Reducing household electricity demand through smart metering: The role of improved information about energy saving [J]. Energy Economics, 2014 (45): 234-243.

[161] Shirley Pon. The effect of information on TOU electricity use: An Irish residential study [J]. International Association for Energy Economics, 2017, 38 (6): 55-80.

[162] Jessica-M Nolan, P-Wesley Schultz, Robert-B Cialdini, Noah-J Goldstein, Vladas Griskevicius. Normative social influence is underdetected [J]. Personality and Social Psychology Bulletin, 2008, 34 (7): 913-923.

［163］Ian Ayres, Sophie Raseman, Alice Shih. Evidence from two large field experiments that peer comparison feedback can reduce residential energy usage ［J］. The Journal of Law, Economics, and Organization, 2013, 29（5）: 992-1022.

［164］Hunt Allcott. Social norms and energy conservation ［J］. Journal of Public Economics, 2011, 95（9-10）: 1082-1095.

［165］Kevin Trinh, Alan-S Fung, Vera Straka. Effects of real-time energy feedback and normative comparisons: Results from a multi-year field study in a multi-unit residential building ［J］. Energy and Buildings, 2021（1）: 111288.

［166］Mark-A Andor, Andreas Gerster, Jörg Peters, Christoph-M Schmidtad. Social norms and energy conservation beyond the US ［J］. Journal of Environmental Economics and Management, 2020（103）: 102351.

［167］Juan David Céspedes Restrepo, Tito Morales Pinzón. Effects of feedback information on the household consumption of water and electricity: A case study in Colombia ［J］. Journal of Environmental Management, 2020（262）: 110315.

［168］Ben-Haim Yakov. Feedback for energy conservation: An info-gap approach ［J］. Energy, 2021（1）: 119957.

［169］Jeannet-H Van Houwelingen, W-Fred Van Raaij. The effect of goal-setting and daily electronic feedback on in-home energy use ［J］. Journal of Consumer Research, 1989, 16（1）: 98-105.

［170］Will Gans, Anna Alberini, Alberto Longo. Smart meter devices and the effect of feedback on residential electricity consumption: Evidence from a natural experiment in Northern Ireland ［J］. Energy Economics, 2013（36）: 729-743.

［171］Joachim Schleich, Corinne Faure, Marian Klobasa. Persistence of the effects of providing feedback alongside smart metering devices on household electricity demand ［J］. Energy Policy, 2017（107）: 225-233.

［172］ Erdal Aydin, Dirk Brounen, Nils Kok. Information provision and energy consumption: Evidence from a field experiment ［J］. Energy Economics, 2018 (71): 403-410.

［173］ Xingxing Zhang, Jingchun Shen, Tong Yang, Llewellyn Tang, Luying Wang, Yingqi Liu, Peng Xu. Smart meter and in-home display for energy savings in residential buildings: A pilot investigation in Shanghai, China ［J］. Intelligent Buildings International, 2019, 11 (1): 4-26.

［174］ Isamu Matsukawa. Information acquisition and residential electricity consumption: Evidence from a field experiment ［J］. Resource and Energy Economics, 2018 (53): 1-19.

［175］ Tom Hargreaves, Michael Nye, Jacquelin Burgess. Keeping energy visible? Exploring how householders interact with feedback from smart energy monitors in the longer term ［J］. Energy Policy, 2013 (52): 126-134.

［176］ Andreas Nilsson, Cecilia-Jakobsson Bergstad, Liane Thuvander, David Anderssonc, Kristin Anderssona, Pär Meiling. Effects of continuous feedback on households' electricity consumption: Potentials and barriers ［J］. Applied Energy, 2014 (122): 17-23.

［177］ Zhuangai Li, Xia Cao. Analysis of information feedback on residential energy conservation and the implications: The case of China ［J］. Frontiers in Environmental Science, 2021 (9).

［178］ Anna-Lisa Lindén, Carlsson-Kanyama Annika, Eriksson Björn. Efficient and inefficient aspects of residential energy behaviour: What are the policy instruments for change? ［J］. Energy Policy, 2006, 34 (14): 1918-1927.

［179］ Benjamin-K Sovacool. The importance of comprehensiveness in renewable electricity and energy-efficiency policy ［J］. Energy Policy, 2009, 37 (4): 1529-1541.

［180］ Alex Coad, Peter De Haan, Julia-Sophie Woersdorfer. Consumer support for environmental policies: An application to purchases of green cars [J]. Ecological Economics, 2009, 68 (7): 2078-2086.

[181] Geoff Kelly. Sustainability at home: Policy measures for energy-efficient appliances [J]. Renewable and Sustainable Energy Reviews, 2012, 16 (9): 6851-6860.

[182] Mario Cools, Kris Brijs, Hans Tormans, Jessie De Laender, Geert Wets. Optimizing the implementation of policy measures through social acceptance segmentation [J]. Transport Policy, 2012 (22): 80-87.

[183] Kees Vringer, Manon van Middelkoop, Nico Hoogervorst. Saving energy is not easy: An impact assessment of Dutch policy to reduce the energy requirements of buildings [J]. Energy Policy, 2016 (93): 23-32.

[184] Beijia Huang, Volker Mauerhofer, Yong Geng. Analysis of existing building energy saving policies in Japan and China [J]. Journal of Cleaner Production, 2016 (112): 1510-1518.

[185] 杜运伟, 黄涛珍, 康国定. 基于微观视角的城市家庭碳排放特征及影响因素研究——来自江苏城市家庭活动的调查数据 [J]. 人口与经济, 2015 (2): 30-39.

[186] 李治, 李培, 郭菊娥, 曾先峰. 城市家庭碳排放影响因素与跨城市差异分析 [J]. 中国人口·资源与环境, 2013, 23 (10): 87-94.

[187] 杨选梅, 葛幼松, 曾红鹰. 基于个体消费行为的家庭碳排放研究 [J]. 中国人口·资源与环境, 2010, 20 (5): 35-40.

[188] 王明远. 论碳排放权的准物权和发展权属性 [J]. 中国法学, 2010 (6): 92-99.

[189] 徐桂华, 杨定华. 外部性理论的演变与发展 [J]. 社会科学, 2004 (3): 26-30.

[190] Douglass-C North, Robert-Paul Thomas. The rise of the western world: A new economic history [M]. Cambridge University Press, 1973: 195-197.

［191］蔡守秋．论当代环境资源法中的经济手段［J］．法学评论，2001（6）：47-56．

［192］Hunt Allcott, Sendhil Mullainathan. Behavior and energy policy［J］. Science, 2010, 327（5970）：1204-1205.

［193］Herbert Gintis. Beyond Homo economicus：Evidence from experimental economics［J］. Ecological Economics, 2000, 35（3）：311-322.

［194］靳国钱．偏好不确定性对消费者陈述性和显示性偏好差异影响研究［D］．哈尔滨工业大学硕士论文，2016：13-15．

［195］Daniel Pichert, Konstantinos-V Katsikopoulos. Green defaults：Information presentation and pro-environmental behaviour［J］. Journal of Environmental Psychology, 2008, 28（1）：63-73.

［196］Amos Tversky, Daniel Kahneman. Advances in prospect theory：Cumulative representation of uncertainty［J］. Journal of Risk and Uncertainty, 1992, 5（4）：297-323.

［197］Daniel Kahneman, Jack-L Knetsch, Richard-H Thaler. Anomalies：The endowment effect, loss aversion, and status quo bias［J］. Journal of Economic Perspectives, 1991, 5（1）：193-206.

［198］Raquel Fernandez, Dani Rodrik. Resistance to reform：Status quo bias in the presence of individual-specific uncertainty［J］. The American Economic Review, 1991, 81（5）：1146-1155.

［199］Raj Chetty, John-N Friedman, Søren Leth-Petersen, Torben Nielsen, Tore Olsen. Active vs. passive decisions and crowd-out in retirement savings accounts：Evidence from Denmark［J］. The Quarterly Journal of Economics, 2014, 129（3）：1141-1219.

［200］陈泉生．环境法哲学［M］．中国法制出版社，2012：544-546．

［201］马长山．国家，市民社会与法治［M］．商务印书馆，2002：258-261．

［202］吕忠梅．超越与保守：可持续发展视野下的环境法创新［M］．

法律出版社，2003：29-31.

［203］曹霞，李壮爱．生态文明背景下我国绿色教育立法的建构［J］．西南民族大学学报（人文社会科学版），2021，42（5）：109-115.

［204］曹晓鲜．气候正义的研究向度［J］．求索，2011（12）：72-74.

［205］梁剑琴．环境正义的法律表达［M］．环境正义的法律表达，2011：57-60.

［206］司郑巍．文化视角下的法律正义观［J］．山东社会科学，2007（3）：141-143.

［207］陈泉生．环境法学基本理论［M］．中国环境科学出版社，2004：211-215.

［208］21世纪议程［M］．国家环境保护局译．中国环境科学出版社，1993：299-301.

［209］秦鹏．消费者环境义务的法律确立［J］．法学论坛，2010（1）：76-82.

［210］卓泽渊．法的价值论（第2版）［M］．法律出版社，2006：204-206.

［211］蔡守秋．环境秩序与环境效率——四论环境资源法学的基本理念［J］．河海大学学报（哲学社会科学版），2005，7（4）：1-5.

［212］张大伟，徐辉，李高协．论法律评估——理论、方法和实践［J］．甘肃社会科学，2010（5）：141-144.

［213］周旺生，张建华．立法技术手册［M］．中国法制出版社，1999：150-155.

［214］温家宝．凝聚共识加强合作推进应对气候变化历史进程——在哥本哈根气候变化会议领导人会议上的讲话［J］．资源与人居环境，2010，53（1）：16-18.

［215］郭朝先．2060年碳中和引致中国经济系统根本性变革［J］．北京工业大学学报（社会科学版），2021，21（5）：64-77.

［216］杨维松，范开利．论低碳经济的法律调整机制［J］．理论学习，2010（5）：16-18.

［217］王利．转变经济发展模式，走低碳经济之路［J］．首都经济贸易大学学报，2009（6）：39-44.

［218］Zhuangai Li，Xia Cao. Effectiveness of China's labeling and incentive programs for household energy conservation and policy implications［J］. Sustainability，2021，13（4）：1923.

［219］丁浩芮．新时代背景下我国绿色消费法律制度研究［J］．传承，2020（4）：109-115.

［220］丁嵘．完善我国节能法律法规的若干思考［J］．华北水利水电学院学报（社会科学版），2011，27（4）：138-140.

［221］魏胜强．用什么样的法制节约能源——现代化进程中完善我国节能法制的思考［J］．湖北警官学院学报，2017，30（4）：79-93.

［222］王涵．中国节能减排的环境法律问题及对策研究［J］．环境科学与管理，2018，43（11）：14-18.

［223］吴志忠．论我国《节约能源法》的完善［J］．学习与实践，2013（10）：27-34.

［224］芈凌云，杨洁．中国居民生活节能引导政策的效力与效果评估——基于中国1996～2015年政策文本的量化分析［J］．资源科学，2017，39（4）：651-663.

［225］Jerome - K Vanclay，John Shortiss，Scott Aulsebrook，Angus - M. Gillespie，Ben - C. Howell，Rhoda Johanni，Michael - J Maher，Kelly - M. Mitchell，Mark-D. Stewart，Jim Yates. Customer response to carbon labelling of groceries［J］. Journal of Consumer Policy，2011，34（1）：153-160.

［226］Jing-Li Fan，Kun-Yu Chen，Xian Zhang. Inequality of household energy and water consumption in China：An input-output analysis［J］. Journal of Environmental Management，2020（269）：110-716.

［227］Zhaohua Wang，Bin Zhang. Low - carbon consumption in China：

Residential behavior, corporate practices and policy implication [M]. Springer Nature, 2020: 1-26.

[228] 李艳梅, 张雷. 中国居民间接生活能源消费的结构分解分析 [J]. 资源科学, 2008, 30 (6): 890-895.

[229] 许琳. 补贴及能效标准促节能家电推广——家电行业研究分析 [J]. 中国城市金融, 2010 (9): 54-56.

[230] Sander Van der Linden, Edward Maibach, Anthony Leiserowitz. Improving public engagement with climate change: Five "best practice" insights from psychological science [J]. Perspectives on Psychological Science, 2015, 10 (6): 758-763.

[231] Howard Kunreuther, Elke-U Weber. Aiding decision making to reduce the impacts of climate change [J]. Journal of Consumer Policy, 2014, 37 (3): 397-411.

[232] Lena Brunzell, Roger Renström. Recommendations for revising the energy label system for dishwashers: Supporting sustainable development and usage through the interaction of energy labels, technical improvements and consumer behaviour [J]. Energy Efficiency, 2020, 13 (1): 145-155.

[233] Omar-Isaac Asensio, Magali-A Delmas. The dynamics of behavior change: Evidence from energy conservation [J]. Journal of Economic Behavior & Organization, 2016 (126): 196-212.

[234] James-M Sallee. Rational inattention and energy efficiency [J]. The Journal of Law and Economics, 2014, 57 (3): 781-820.

[235] Davide Polverini. Energy efficient ventilation units: The role of the Ecodesign and Energy Labelling regulations [J]. Energy and Buildings, 2018 (175): 141-147.

[236] Hunt Allcott. Consumers' perceptions and misperceptions of energy costs [J]. American Economic Review, 2011, 101 (3): 98-104.

[237] Richard H. Thaler, Cass R. Sunstein. Nudge: Improving decisions

about health，wealth and happiness［M］. New Haven，CT，USA：Yale University Press，2008：102-110.

［238］Moritz Rohling，Renate Schubert. Energy labels for household appliances and their disclosure format：A literature review［EB/OL］. Institute for Environmental Decisions（IED），ETH Zurich，2013. https：//econ. ethz. ch/content/dam/ethz/specialinterest/gess/economicsdam/documents/Projekts/EnergyLabelReview. pdf.

［239］王文革，汪文鹏，董向农. 论完善中国能效标识制度的对策［J］. 环境科学与技术，2009，32（6）：181-184.

［240］曹小兵，张治永. 浅论中国能效标识制度实施［J］. 轻工标准与质量，2017（3）：67-69.

［241］Siming Yu，Muhammad-Safdar Sial，Dang-Khoa Tran，Alina Badulescu，Phung Anh Thu，Mariana Sehleanu. Adoption and implementation of sustainable development goals（SDGs）in China-Agenda 2030［J］. Sustainability，2020，12（15）：62-88.

［242］David-L Greene. Uncertainty，loss aversion，and markets for energy efficiency［J］. Energy Economics，2011，33（4）：608-616.

［243］Brian Roe，Mario-F Teisl，Huaping Rong，Alan Levy. Characteristics of consumer-preferred labeling policies：Experimental evidence from price and environmental disclosure for deregulated electricity services［J］. Journal of Consumer Affairs，2001，35（1）：1-26.

［244］Hunt Allcott，Dmitry Taubinsky. Evaluating behaviorally motivated policy：Experimental evidence from the lightbulb market［J］. American Economic Review，2015，105（8）：2501-2538.

［245］L Venkatachalam. Behavioral economics for environmental policy［J］. Ecological Economics，2008，67（4）：640-645.

［246］Adrian-R Camilleri，Richard-P Larrick. Metric and scale design as choice architecture tools［J］. Journal of Public Policy & Marketing，2014，33

（1）：108-125.

［247］Renate Schubert, Marcel Stadelmann. Energy-using durables-why consumers refrain from economically optimal choices ［J］. Frontiers in Energy Research, 2015, 3 (7)：1-13.

［248］Todd Gerarden, Richard-G Newell, Robert-N Stavins. Deconstructing the energy-efficiency gap：Conceptual frameworks and evidence ［J］. American Economic Review, 2015, 105 (5)：183-186.

［249］Raj Chetty, Adam Looney, Kory Kroft. Salience and taxation：Theory and evidence ［J］. American Economic Review, 2009, 99 (4)：1145-1177.

［250］T Hossain, J Morgan. Shrouded attributes and information suppression：Evidence from field experiments ［J］. Natural Field Experiments, 2006, 29 (4)：497-498.

［251］John Thøgersen, Folke Ölander. Human values and the emergence of a sustainable consumption pattern：A panel study ［J］. Journal of Economic Psychology, 2002, 23 (5)：605-630.

［252］Folke Ölander, John Thøgersen. Informing Versus Nudging in Environmental Policy ［J］. Journal of Consumer Policy, 2014, 37 (3)：341-356.

［253］TMI Mahlia, S Tohno, T Tezuka. International experience on incentive program in support of fuel economy standards and labelling for motor vehicle：A comprehensive review ［J］. Renewable and Sustainable Energy Reviews, 2013 (25)：18-33.

［254］Ninh Nguyen, Steven Greenland, Antonio Lobo, Hoang Viet Nguyen. Demographics of sustainable technology consumption in an emerging market：The significance of education to energy efficient appliance adoption ［J］. Social Responsibility Journal, 2019, 15 (6)：803-818.

［255］Konstadinos Abeliotis, Christina Koniari, Eleni Sardianou. The profile of the green consumer in Greece ［J］. International Journal of Consumer Studies, 2010, 34 (2)：153-160.

［256］Rob Baltussen, Elly Stolk, Dan Chisholm, Moses Aikins. Towards a multi - criteria approach for priority setting: An application to Ghana ［J］. Health Economics, 2006, 15 (7): 689-696.

［257］David-W Hosmer, Stanley Lemesbow. Goodness of fit tests for the multiple logistic regression model ［J］. Communications in Statistics-Theory and Methods, 1980, 9 (10): 1043-1069.

［258］Hancheng Dai, Toshihiko Masui, Yuzuru Matsuoka, Shinichiro Fujimori. The impacts of China's household consumption expenditure patterns on energy demand and carbon emissions towards 2050 ［J］. Energy Policy, 2012 (50): 736-750.

［259］Zhaoguang Hu, Xiandong Tan, Zhaoyuan Xu. An Exploration into China's Economic Development and Electricity Demand by the Year 2050 ［M］. Elsevier, 2013: 141-160.

［260］Chen Wang, Kaile Zhou, Shanlin Yang. A review of residential tiered electricity pricing in China ［J］. Renewable and Sustainable Energy Reviews, 2017 (79): 533-543.

［261］K Schoengold, D Zilberman. The economics of tiered pricing and cost functions: Are equity, cost recovery, and economic efficiency compatible goals? ［J］. Water Resources & Economics, 2014 (7): 1-18.

［262］Akinobu Murata, Yasuhiko Kondou, Mu Hailin, Zhou Weisheng. Electricity demand in the Chinese urban household-sector ［J］. Applied Energy, 2008, 85 (12): 1113-1125.

［263］Kaile Zhou, Shanlin Yang. Understanding household energy consumption behavior: The contribution of energy big data analytics ［J］. Renewable and Sustainable Energy Reviews, 2016 (56): 810-819.

［264］Ted O'Donoghue, Matthew Rabin. Doing it now or later ［J］. American Economic Review, 1999, 89 (1): 103-124.

［265］H-A Aalami, M-Parsa Moghaddam, G-R Yousefi. Modeling and prioritizing demand response programs in power markets [J]. Electric Power Systems Research, 2010, 80 (4): 426-435.

[266] Carlo-V Fiorio, Massimo Florio. Would you say that the price you pay for electricity is fair? Consumers' satisfaction and utility reforms in the EU15 [J]. Energy Economics, 2011, 33 (2): 178-187.

[267] Yihua Yu, Jin Guo. Identifying electricity-saving potential in rural China: Empirical evidence from a household survey [J]. Energy Policy, 2016 (94): 1-9.

[268] Baoling Zou, Biliang Luo. Rural household energy consumption characteristics and determinants in China [J]. Energy, 2019 (182): 814-823.

[269] Sheila-M Olmstead. Reduced-form versus structural models of water demand under nonlinear prices [J]. Journal of Business & Economic Statistics, 2009, 27 (1): 84-94.

[270] Casey-J Wichman. Perceived price in residential water demand: Evidence from a natural experiment [J]. Journal of Economic Behavior & Organization, 2014 (107): 308-323.

[271] Daniel Wiesmann, Inês-Lima Azevedo, Paulo Ferrão, John-E Fernández. Residential electricity consumption in Portugal: Findings from top-down and bottom-up models [J]. Energy Policy, 2011, 39 (5): 2772-2779.

[272] Shaojie Zhou, Fei Teng. Estimation of urban residential electricity demand in China using household survey data [J]. Energy Policy, 2013 (61): 394-402.

[273] Zhaohua Wang, Bin Zhang, Jianhua Yin, Yixiang Zhang. Determinants and policy implications for household electricity-saving behaviour: Evidence from Beijing, China [J]. Energy Policy, 2011, 39 (6): 3550-3557.

[274] 许晓冰, 柴晨涛, 许可. 居民阶梯电价、分时电价政策知晓度及其影响因素分析——基于CGSS2015数据 [J]. 生产力研究, 2019 (2): 31-34.

［275］陈晶，张真. 居民生活用电特征与影响机理［J］. 统计研究，2015（5）：70-75.

［276］林伯强，蒋竺均，林静. 有目标的电价补贴有助于能源公平和效率［J］. 金融研究，2009（11）：1-18.

［277］Wei Qi, Guangdong Li. Residential carbon emission embedded in China's inter - provincial population migration［J］. Energy Policy, 2020（136）：111065.

［278］Lunyu Xie, Haosheng Yan, Shuhan Zhang, Chu Wei. Does urbanization increase residential energy use? Evidence from the Chinese residential energy consumption survey 2012［J］. China Economic Review, 2020（59）：101374.

［279］Rebecca - K Ratner, Dilip Soman, Gal Zauberman, Dan Ariely, Ziv Carmon, Punam - A Keller, B. Kyu Kim, Fern Lin, Selin Malkoc, Deborah - A Small, Klaus Wertenbroch. How behavioral decision research can enhance consumer welfare: From freedom of choice to paternalistic intervention［J］. Marketing Letters, 2008, 19（3）：383-397.

［280］Ben Gilbert, Joshua - Graff Zivin. Dynamic salience with intermittent billing: Evidence from smart electricity meters［J］. Journal of Economic Behavior & Organization, 2014（107）：176-190.

［281］Koichiro Ito. Do consumers respond to marginal or average price? Evidence from nonlinear electricity pricing［J］. American Economic Review, 2014, 104（2）：537-563.

［282］Julia Blasch, Nina Boogen, Massimo Filippini, Nilkanth Kumar. Explaining electricity demand and the role of energy and investment literacy on end - use efficiency of Swiss households［J］. Energy Economics, 2017（68）：89-102.

［283］Aneesh Chopra. Modeling a green energy challenge after a blue button［EB/OL］. http://www. whitehouse. gov/blog/2011/09/15/modeling - green - energy - challenge - after - blue - button, 2011.

［284］Limin Du, Jin Guo, Chu Wei. Impact of information feedback on residential electricity demand in China ［J］. Resources, Conservation and Recycling, 2017（125）: 324-334.

［285］景文敏，毕珍. 社会比较对环保印象和环保行为的影响 ［J］. 建筑工程技术与设计，2017（18）: 3617.

［286］John-A List, Michael-K Price. The use of field experiments in environmental and resource economics ［J］. Review of Environmental Economics and Policy, 2016, 10（2）: 206-225.

［287］Mattew Santamouris, Konstantinos Kapsis, Dimitrios, Iro Livada Margarita N. Assimakopoulos. On the relation between the energy and social characteristics of the residential sector ［J］. Energy and Buildings, 2007, 39（8）: 893-905.

［288］Gesche Huebner, David Shipworth, Ian Hamilton, Zaid Chalabi, Tadj Oreszczyn. Understanding electricity consumption: A comparative contribution of building factors, socio-demographics, appliances, behaviours and attitudes ［J］. Applied Energy, 2016（177）: 692-702.

［289］Desiderio Romero-Jordán, Cristina Peñasco, Pablo Del Río. Analysing the determinants of household electricity demand in Spain. An econometric study ［J］. International Journal of Electrical Power & Energy Systems, 2014（63）: 950-961.

［290］Ian-G Hamilton, Philip-J Steadman, Harry Bruhns, Alex-J Summerfield, Robert Lowe. Energy efficiency in the British housing stock: Energy demand and the homes energy efficiency database ［J］. Energy Policy, 2013（60）: 462-480.

［291］Wen-Hsiu Huang. The determinants of household electricity consumption in Taiwan: Evidence from quantile regression ［J］. Energy, 2015（87）: 120-133.

［292］Demba Ndiaye, Kamiel Gabriel. Principal component analysis of the electricity consumption in residential dwellings [J]. Energy and Buildings, 2011, 43 (2-3): 446-453.

[293] Xiaoxiao Xu, Bing Xiao, Clyde-Zhengdao Li. Critical factors of electricity consumption in residential buildings: An analysis from the point of occupant characteristics view [J]. Journal of Cleaner Production, 2020 (256): 120423.

[294] Yingchun Yang, Jianghua Liu, Yingying Lin, Qiongyuan Li. The impact of urbanization on China's residential energy consumption [J]. Structural Change and Economic Dynamics, 2019 (49): 170-182.

[295] S Karatasou, M Santamouris. Socio-economic status and residential energy consumption: A latent variable approach [J]. Energy and Buildings, 2019 (198): 100-105.

[296] Helen-X-H Bao, Steven-Haotong Li. Housing wealth and residential energy consumption [J]. Energy Policy, 2020 (143): 111581.

[297] Leticia Blázquez, Nina Boogen, Massimo Filippini. Residential electricity demand in Spain: New empirical evidence using aggregate data [J]. Energy Economics, 2013 (36): 648-657.

[298] Halbert White. A heteroskedasticity-consistent covariance matrix estimator and a direct test for heteroskedasticity [J]. Econometrica: Journal of the Econometric Society, 1980, 48 (4): 817-838.

[299] Lingyun Mi, Lijie Qiao, Songsong Du, TingXu, Xiaoli Gan, Wenshun Wang, Xueyan Yu. Evaluating the effect of eight customized information strategies on urban households' electricity saving: A field experiment in China [J]. Sustainable Cities and Society, 2020 (62): 102344.

[300] Paul-R Rosenbaum, Donald-B Rubin. The central role of the propensity score in observational studies for causal effects [J]. Biometrika, 1983, 70 (1): 41-55.

[301] Marlen Promann, Sabine Brunswicker. Affordances of eco-feedback design in home energy context [C]. Proceedings of the 33rd American Confer-

ence on Information Systems at：Boston，MA，USA，2017：1-10.

［302］Georgina Wood，Marcus Newborough. Energy-use information trans-fer for intelligent homes：Enabling energy conservation with central and local dis-plays ［J］. Energy and Buildings，2007，39（4）：495-503.

［303］L-T McCalley，Cees-JH Midden. Energy conservation through product-integrated feedback：The roles of goal-setting and social orientation ［J］. Journal of Economic Psychology，2002，23（5）：589-603.

［304］John Lynham，Kohei Nitta，Tatsuyoshi Saijo，Tarui Nori. Why does real-time information reduce energy consumption？［J］. Energy Economics，2016（54）：173-181.

［305］刘颖. 美国《2005 国家能源政策法案》分析及对我国能源立法的借鉴［J］. 能源与环境，2007（5）：26-28.

［306］杨泽伟.《2009 年美国清洁能源与安全法》及其对中国的启示［J］. 中国石油大学学报（社会科学版），2010，26（1）：1-6.

［307］于文轩. 典型国家能源节约法制及其借鉴意义——以应对气候变化为背景［J］. 中国政法大学学报，2015（6）：122-133.

［308］张通. 英国政府推行节能减排的主要特点及对我国的启示［J］. 中共中央党校学报，2008，12（1）：54-59.

［309］Department of Energy and Climate Change. Energy Act 2011 ［EB/OL］. http：//www. decc. gov. uk/en/eontent/cms/legislation/energy—act2011/energy—act 2011. aspx，2011.

［310］栾春玉. 日本节能环保法律、政策的经验与启示［J］. 税务与经济，2012（6）：56-59.

［311］陈志恒. 日本构建低碳社会行动及其主要进展［J］. 现代日本经济，2009（6）：1-5.

［312］王彭杰，朱培武，周京生，曹仪，熊玉婷. 能效标识对杭州市消费者家电购买决策影响的调查分析［J］. 家电科技，2015（2）：30-33.

［313］李长河，吴力波. 国际碳标签政策体系及其宏观经济影响研究

[J].武汉大学学报（哲学社会科学版），2014，67（2）：94-101.

　　[314] 王志华.应对气候变化公约框架下的"碳标识"认证正当性思考 [J].山东省农业管理干部学院学报，2012，29（2）：74-76.

　　[315] 杨翠柏.国际能源法与国别能源法 [M].巴蜀书社，2009：600-603.